Duygu Asena

Die Frau hat keinen Namen

Serie Piper
Band 1485

Zu diesem Buch

Dieses Buch erzählt frech, unverblümt, mit Temperament und voll Zorn den Versuch einer jungen Frau in der Türkei, es den Männern gleichzutun: in Freiheit sich zu bewegen, »wie ein Mann« zu arbeiten, offen und ohne gesellschaftliche Rücksichten die Liebe zu leben. Es ist der autobiographische Bericht einer Frau in einer Gesellschaft, in der die »Frau keinen Namen hat«, nur als Anhängsel des Mannes etwas gilt. Schon als kleines Mädchen macht die Ich-Erzählerin die Erfahrung, daß für Männer und Frauen zweierlei Maß gelten, daß aus unerfindlichen Gründen Mädchen hart bestraft werden für ein Verhalten, das bei Jungen durchaus toleriert, wenn nicht sogar gelobt wird. Sie sieht, daß das Leben einer türkischen Frau Enge, Unbeweglichkeit und Abhängigkeit bedeutet. Schon als junges Mädchen entscheidet sich die Erzählerin zu leben wie ein Mann: frei und rücksichtlos.

Wie diese junge Türkin denkt und handelt, mag hierzulande befremden; die Farben ihrer Erzählung sind greller, die Töne schriller. Sie hat alle gesellschaftlichen Konventionen gegen sich, sie ist eine Einzelkämpferin, die die bittere Erfahrung macht, daß sie nirgendwo – auch nicht bei ihren Geschlechtsgenossinnen – auf Solidarität oder wenigstens Verständnis hoffen darf. Und so lernt der Leser nachzuvollziehen, daß in derart traditionellen Verhältnissen eine gute Portion Egoismus und rigoroser Entschiedenheit die Bedingung dafür sind, sich als *Mensch* zu begreifen, wenn man eine *Frau* ist.

Dieses Buch kam bereits im ersten Jahr seines Erscheinens in der Türkei in die 40. Auflage und wurde dann als jugendgefährdend verboten. Inzwischen gilt es als eines der ersten Dokumente eines beginnenden neuen Bewußtseins der Frauen in der Türkei.

Duygu Asena, geboren 1946 in Istanbul. Studium der Literaturwissenschaften. Arbeitet als Journalistin für verschiedene Zeitschriften, z.Z. als Chefredakteurin der Frauenzeitschrift »Kadınca« (»Auf Frauenweise«).

Duygu Asena

Die Frau hat keinen Namen

Eine Türkin entdeckt die Folgen des kleinen Unterschieds

Aus dem Türkischen von
Barbara Yurtdaş

Piper
München Zürich

SERIE PIPER
FRAUEN

Die Originalausgabe erschien 1987 unter dem
Titel »Kadının adı yok«
bei AFA Yayıncılık A. Ş. Istanbul.

ISBN 3-492-11485-7
Deutsche Erstausgabe
April 1992

Umschlag: Federico Luci,
unter Verwendung eines Fotos der Autorin

Gesamtherstellung: Clausen & Bosse, Leck
Printed in Germany

1

Wir haben einen schönen Garten, der das Haus auf drei Seiten einrahmt. In diesem Garten gibt es Obstbäume, Katzen und Hunde. Innen im Haus führt eine Treppe nach oben. Und ich habe auch eine kleine Schwester, die aber noch nicht das Treppengeländer runterrutschen kann.

Meine Spielkameraden kommen immer in unseren Garten. Mädchen und Jungen habe ich beide lieb; da mache ich keinen Unterschied. Aber mein Papa macht einen. Wenn er wütend ist, gleicht sein Gesicht einer Katze, nein, einem Hund, noch besser: einem Esel. Ich bin sehr böse auf ihn. Vater hat das Gesicht an die Fensterscheibe gepreßt und schaut zu uns, wie wir draußen spielen. Seine Blicke sprühen Feuer, sein Gesicht ist eine fürchterliche Maske. Die Jungen bekommen Angst. Die Mädchen nicht, denn die sind nicht gemeint.

Noch gehe ich nicht zur Schule, aber so groß bin ich schon, daß ich weiß, mein Papa mag Jungen nicht, während er Mädchen sehr wohl gern hat. Nur warum? Das verstehe ich nicht, – ist der Papa doch selbst ein Junge.

Langsam merken es auch die Jungen. Sobald sie meinen Vater sehen, benehmen sie sich komisch. Schuldbewußt. Als hätten sie etwas ausgefressen. Neuerdings kommen sie nicht mehr durch die Tür, sondern seitlich über die Mauer in den Garten. Um nicht gesehen zu werden. Aber aus irgendeinem Grund fangen sie jetzt auch an, sich zum Nachteil zu verändern. Kaum schaut mein Papa nicht hin, versuchen sie, etwas mit uns anzustellen. Zum Beispiel ziehen sie uns an den Haaren, heben uns die Röcke hoch, schauen uns in den Ausschnitt. Wenn mein Papa das nicht sieht, triumphieren sie und brüllen wie die Sieger. Solange mein Vater sie nicht erwischt, fühlen sie sich uns gegenüber mächtig stark.

Seit mein Vater mit seinem grauenhaften Gesicht hinter der Fensterscheibe steht, ist zwischen uns Mädchen und den Jungen eine Feindschaft entstanden. Unwiderruflich hat etwas sehr Unschönes begonnen. Was steckt nur dahinter?

Innerlich rede ich mit meinem Vater: »Papa, was schaust du uns durchs Fenster zu? Früher haben sie uns weder die Röcke hochgehoben noch unanständige Sachen gesagt. Papa, steh nicht hinter der Fensterscheibe, schau nicht so grimmig, feindselig. Du machst sie zu unseren Feinden. Mit der Angst vor dir zu spielen und heimlich Verbotenes zu tun, das betrachten sie jetzt als eine Art Sport. Aber zu leiden haben wir Mädchen darunter. Was mischst du dich ein?«

Eines Tages schnitt meine Mutter meinem Vater gegenüber das Thema an: »Du engagierst dich ein bißchen zu stark für die Mädchen, machst den Kindern im Garten Angst. Schließlich sind es noch kleine Kinder.« Darauf mein Vater: »Klein, klein, aber haben sie etwa keine Schwänzchen?«

Ich war ganz verwirrt. Ich hätte nie vermutet, daß er *deswegen* so böse auf sie war. Papa hatte doch selber etwas in der Art. Also war mir unverständlich, weshalb er so zornig auf sie war.

Ich blieb verwirrt. Aber irgendwie mußte ich rauskriegen, worum es ging. Ich nahm mir vor, die Angelegenheit zu untersuchen.

2

Es ist sehr heiß, und niemand ist im Garten. Ich platze vor Langeweile. Meine kleine Schwester liegt oben krank im Bett. Alle tanzen um sie herum; wahrscheinlich haben sie sie lieber als mich. Du bist schließlich die Große, heißt es. Ich will aber nicht die Große sein.

Der Junge vom Nachbarhaus ist über die Mauer geklettert. Er macht mir ein Zeichen. »Komm«, sage ich, und er springt auf unsere Seite herüber. »Wie alt bist du?« frage ich. Er zählt an den Fingern ab »vier!«. Ich glaub's nicht, aber das ist auch unwichtig, soll er von mir aus drei sein, aber er ist ein Junge. Dieses Kind ist anders als wir Schwestern, und der Unterschied befindet sich an einer verdeckten Stelle. Mein Papa mag diesen Unterschied nicht. Wir sind allein, jetzt ist die Gelegenheit da, diesen Unterschied zu erforschen.

»Zieh die Hosen runter«, sage ich.

»Sooo? Erst zieh du dein Höschen runter, dann ich«, sagt er.

Ein Schlauberger, aber offensichtlich ist er auch nicht klüger als ich. Was wird passieren, wenn ich das Höschen rutschen lasse? Aus irgendeinem Grund ziehen sie uns ja eins an. Er bemerkt mein Zögern, ahnt wohl, daß ich Spielverderberin sein werde. »Wenn du dein Höschen runterziehst, schenke ich dir diese Zeitschriften«, sagt er. Schöne Hefte mit bunten Bildern...

»Na gut, erst du, dann ich«, sage ich. Damit er seine Knöpfe aufmachen kann, bleibt ihm nichts übrig, als mir schon mal die Zeitschriften in die Hand zu drücken. Er dreht sich um und zieht und zerrt an seinem Kleidungsstück, bis zwei rosa Pfirsichbäckchen sichtbar werden. In der Mitte ist ein Strich, wie bei uns auch, da gibt's gar keinen Unterschied. Was soll daran nun interessant sein?

»Jetzt bist du an der Reihe«, rufe ich und flüchte mit den Zeitschriften in Richtung Haus. Brave Mädchen ziehen um keinen Preis ihr Höschen aus. Aber wahrscheinlich sind brave Mädchen auch nicht neugierig auf Bubenpopos.

Endlich sehe ich *es* doch. Eine Nachbarin kommt mit ihrem Neugeborenen zu Besuch. Das Baby ist ein Junge. Ich weiche nicht von seiner Seite, so daß es sogar meiner Mutter auffällt und sie zur Nachbarin bemerkt: »Sie scheint das Baby aber sehr zu mögen. So hat sie sich noch nicht mal für ihre kleine Schwester interessiert.« In Wirklichkeit mag ich gar keine Babys, aber meinetwegen sollen sie es glauben.

Endlich muß das Baby frisch gewickelt werden; die Windel wird aufgemacht. Ich gucke mit Stielaugen. Ja, da ist etwas, ein winziges Ding. Was sollte daran Schlimmes sein?

Mein Papa wird immer komischer. Nicht genug mit den Jungen, jetzt hat er es auch auf die Tiere abgesehen. Dabei sind die Hunde und Katzen in unserem Garten so lieb, vor allem ein weißer Hund, den wir Cacık genannt haben; dem geben wir jeden Tag Milch.

Eines Tages kamen von Vaters Arbeitsplatz Männer, die wie Räuber aussahen. Sie hatten Säcke dabei, mit denen sie die Hunde und Katzen einsammelten und fortbrachten. Wir waren traurig und haben geweint. Auf unsere Fragen antwortete die

Mutter: »Die Tiere waren unartig, und euer Papa wollte nicht, daß ihr das seht.«

Am nächsten Morgen, stellt euch vor, waren alle unsere Hunde und Katzen wieder da und spielten fröhlich über- und untereinander. Mein Papa stürzte wütend in den Garten und teilte Schläge und Fußtritte aus, um sie zu trennen.

Nachmittags kamen dieselben Männer wieder und steckten unsere Katzen und Hunde wieder in große Säcke, und mein Vater half dabei. »Diesmal werd' ich euch aber an einer Stelle aussetzen, da könnt ihr lange versuchen zurückzukommen!« sagte er. Einer der bösen Männer versuchte, meinen weißen Hund Cacık zu überwältigen. Cacık kämpfte und biß den Mann in die Hand, aber dann bekam er einen Schlag auf den Kopf. Ich sah sein Gesicht, als er in den Sack gesteckt wurde. Mir war, als wollte er sagen: »Tu doch etwas, und steh nicht bloß rum.«

Wir haben den ganzen Tag geweint. Wieso unsere Tiere unartig gewesen sein sollten, haben wir nicht verstanden, oder vielleicht doch... Mädchenhunde, Jungenhunde.

Aber mein Vater wird doch nicht etwa auch die Jungen in einen Sack stecken und wegbringen wollen?

3

Jetzt können wir nicht mal im Garten mehr in Ruhe mit unseren Freunden spielen. Mein Papa mischt sich in alles und jedes ein. Selbst auf meine Mutter wird er öfter böse. »Komm nicht zu spät«, sagt er. »Wohin gehst du? Wann kommst du wieder? Was hat das gekostet? Wieviel Geld hast du ausgegeben?«, so fragt er ständig. Meine Mutter weint manchmal. Ich glaube, sie hat vor Vater Angst, denn niemals fragt sie ihrerseits: »Wann kommst du, wohin gehst du, wieviel Geld hast du ausgegeben?« Mein Vater hat viel Geld, meine Mutter und wir haben keines; uns allen gibt Vater Geld. Ich glaube, weil er das Geld hat, mischt er sich in alles ein, denn Geld ist sehr wichtig.

Seit neuestem läßt uns Papa keine langen Hosen mehr anziehen, auch meine Mama zieht ja keine an. Weil wir uns vor Vater fürchten, betteln wir bei Mutter: »Bitte, Mami, bitte, sag doch

Papa, er soll uns Hosen anziehen lassen.« Meine Mutter fragt also Vater: »Nun laß sie doch, sie sind schließlich noch Kinder; misch dich doch nicht in ihre Kleidung ein.« Aber mein Vater sagt: »Meinst du, Frau? Gestern habe ich mit eigenen Augen gesehen, wie auf der Straße zwei Männer ›Hm, schau mal die beiden Kleinen!‹ gerufen haben. Hätten die Männer nicht im Auto gesessen, hätte ich sie zerfetzt. Hosen kommen nicht in Frage, und nun laß mich in Frieden.«

Mir ist schleierhaft, weshalb wir keine Hosen anziehen dürfen, bloß weil ein Mann »die Kleinen« zu uns gesagt hat. Mama nennt uns auch »meine Kleinen«. Nur mein Vater nie. Der nimmt uns nicht mal in den Arm.

Mein Vater hat strikt verboten, daß Jungen in unseren Garten kommen. Aber während Papa beim Abendbrot sitzt, kommen sie heimlich doch; das ist sehr aufregend. Eines Abends sagte einer der Jungen: »Dein Vater läßt uns nicht rein, weil wir euch nämlich was *machen* könnten«, und die anderen haben dazu gelacht in einer Art, die mir gar nicht gefiel. Was können sie uns denn schon machen?

»Wenn ihr uns was macht, dann machen wir euch auch was; wir sind nämlich mehr als ihr«, habe ich gesagt.

Solange mein Vater beim Essen sitzt, spielen wir ganz schnell Verstecken. Ich möchte mich immer mit Mehmet zusammen verstecken. Es gibt eine kleine Tanne, hinter der drängen wir uns eng aneinander; das mag ich sehr.

Plötzlich erscheint mein Vater am Fenster und ruft meinen Namen. Er holt uns rein und verscheucht die anderen Kinder. Sie gehen schuldbewußt. Mein Vater brüllt: »Jetzt ist Schluß! Die Kerle will ich nicht noch mal in meinem Garten sehen!« Aber warum, Vater, warum? Wenigstens für die Mädchen gilt das Verbot nicht.

4

»Mutter, kriege ich auch mal einen Busen?«

»Sicher, Kind, du bist schon bald erwachsen, bald bekommst du auch einen Busen.«

»Wozu ist denn ein Busen gut?« frage ich.

»Wenn du ein Baby bekommst, trinkt es Milch aus deiner Brust und wird groß.«

»Und warum trinkt es nicht beim Vater an der Brust?«

»Weil dies die Aufgabe der Mütter ist.«

»Warum ist das aber nicht die Aufgabe der Väter? Was ist denn deren Aufgabe?«

»Sie müssen die Kinder auf die beste Weise großziehen. Sie verdienen das Geld und bringen es heim; sie kleiden und ernähren die Kinder und lassen sie etwas lernen.«

»Tun sie das alles, weil sie keine Brüste haben?«

»Ach nein, mein Schatz, ihre Aufgabe ist es, zu arbeiten und Geld zu verdienen.«

»Und warum arbeitet ihr Frauen nicht und verdient Geld? Weil ihr Brüste habt? Weil ihr Milch gebt?«

»Ist denn das die Möglichkeit, Mädchen! Wenn wir könnten, würden wir auch arbeiten, aber wir haben keine Zeit. Wer würde euch denn sonst großziehen?«

»Ich will keine Brust kriegen. Ich will Geld verdienen. Wenn ich Geld habe, kann ich alles machen. Berrin will große Brüste haben und Babys und ein Haus. Sie will Kinder aufziehen. Ich nicht. Frauen mit Brüsten weinen, sie werden dick und fett. Und ihre Männer sind häßlich und griesgrämig.«

»Du siehst die Dinge aber reichlich schwarz, mein Kind. Außerdem bist du doch noch viel zu klein, um über so was nachzudenken. Schau mal, wie schön Berrin drinnen mit den Puppen spielt. Geh rein und spiel du auch.«

»Gut, Mutter. Wie entstehen denn die kleinen Kinder? Warum erzählst du mir das nicht?«

»Ich hab's dir ja erzählt. Wenn zwei Menschen heiraten, bekommen sie Kinder.«

»Gar nicht! Ali hat gesagt: ›Die Männer pissen in die Frauen rein, und nachher kommt ein Baby.‹ Stimmt das, Mama?«

»Himmeldonnerwetter, jetzt reicht's aber! Natürlich ist es nicht so, auf keinen Fall. Jetzt geh spielen. Warum kannst du kein braves Mädchen wie Berrin sein?«

»Mutter, meine Brustwarzen tun weh. Und sie sind ganz hart geworden.«

»Was schreist du, Mädchen, was heulst du. Laß mal schauen. Ach! Meine schöne Tochter wird erwachsen, ihre Brüste entwickeln sich. Gott sei Dank, jetzt wirst du also endlich ein junges Mädchen.«

»Mama, es tut weh, ich schäme mich, ich will kein junges Mädchen sein. Die Jungen gucken und sagen komische Sachen. Und die Tanten in der Nachbarschaft tasten mich immer ab und murmeln: ›Laß mal sehen, ob sie schon gewachsen sind.‹«

»Was bist du bloß für ein eigenartiges Kind. Schau Berrin an, die weint nicht, die zieht sogar an den Brustwarzen, damit sie wachsen. Halt dich nicht so krumm, Kind.«

»Mama, Berrins Mutter hat gesagt: ›Deine Brust wird so groß wie das Gefäß, das du drüber stülpst.‹ Da hat sie eine Hamamschüssel drüber getan. Soll ich das auch machen?«

»Nur zu. Was immer du über deine kleinen Brüste legst, sie werden so groß wie das Gefäß, das du aussuchst.«

»Soll ich die Joghurtschüssel drauftun, Mama?«

»Von mir aus, mein Kleines, weine nicht. Und halt dich gerade.«

»Mädchen, ich hab dich um 10 Eier geschickt, jetzt bringst du zwei, wo sind denn die anderen?«

»Mutter, ich habe 10 Stück gekauft.«

»Was ist los, wie siehst du aus, das Gesicht verschwitzt und rot.«

»Mama, auf dem Rückweg vom Kaufmann, als ich am Männercafé vorbei mußte, haben die Männer ganz blöd geschaut, so wie bisher noch nie. Sie haben mich angestarrt und irgendwas gesagt. ›Ach! Ach!‹ haben sie gerufen. Ich hab Angst bekommen, und beim Rennen sind die Eier runtergefallen.«

»Verdammt! Allah soll sie strafen! Da bändeln sie sogar schon mit kleinen Kindern an! Jetzt kann ich euch nirgends mehr hinschicken. Das soll bloß nicht dein Vater hören.«

5

Am ersten Schultag finde ich mich mit unserem Nachbarsjungen Mustafa in derselben Klasse wieder. Ich bin sehr froh, weil ich außer ihm niemanden kenne. Eigentlich habe ich große Angst, aber das zeige ich nicht. Obwohl ich weinen möchte, weine ich nicht. Weinen ist schlecht. Die Väter meiner Freunde sagen ständig: ›Jungen weinen nicht‹ zu ihren Söhnen. Das heißt, es gehört sich nicht. Aber warum dürfen Mädchen dann weinen? Kann etwas Schlechtes für Mädchen in Ordnung und für Jungen verboten sein? Ändert sich das Schlechte, je nachdem, ob es Jungen oder Mädchen tun?

In der Klasse sitze ich neben Mustafa. Der pißt zwar auf die Katzen und bindet ihnen Blechdosen an die Schwänze, aber ich mag ihn.

Am nächsten Tag gehe ich gerne in die Schule, weil ich weiß, daß Mustafa auch da ist. Ich setze mich in die Bank und halte Ausschau nach Mustafa, aber der sitzt jetzt ganz hinten. »Komm, komm her«, rufe ich. Die Lehrerin nähert sich: »Du sitzt jetzt nicht mehr mit Mustafa, sondern mit Sibel zusammen«, sagt sie. Ich kann mich nicht beherrschen und schreie, obwohl ich vor der Lehrerin Angst habe: »Was? Aber warum? Er ist doch mein Freund!« Obwohl ich nicht weinen will, fange ich an zu schluchzen. Einem Mädchen ist das ja auch nicht verboten. Da sind die Mädchen frei.

Die Lehrerin ruft mich raus: »Mein Kleines, was regst du dich denn so auf? Mustafa bleibt doch noch immer dein Freund. Aber neben dir wird Sibel sitzen, denn dein Vater hat das so gewünscht.« Ich erstarre zu Eis; selbst meine Tränen versiegen plötzlich. In meinem Inneren beginnt ein Zittern, dann zittere ich auch sichtbar am ganzen Körper. »Gut, also ich werde nicht mehr neben Mustafa sitzen.«

6

Jetzt habe ich's endlich kapiert. Mein Vater will uns vor den Männern beschützen, denn diese Männer sind böse Geschöpfe. Langsam glaube ich das auch. Ali, zum Beispiel, hat neulich seine Hand in Berrins Bluse gesteckt. Berrin hat gekreischt wie ein Huhn. Dabei haben wir im Moment noch alle die gleichen Brüste, nur bei uns Mädchen werden sie bald größer. Sie heben uns die Röcke hoch, wollen unseren Busen sehen, sie kneifen uns. Wir tun ihnen nichts dergleichen. Manchmal machen wir Fingerhakeln oder ringen im Sand. Da besiegen sie uns sofort. Womöglich sind sie wirklich stärker als wir. Aber wir dürfen uns nicht alles von ihnen gefallen lassen. Also müssen wir ebenfalls stark sein.

Neulich hat Mehmet den Verschluß einer Limoflasche mit einer Hand zusammengebogen. »Das kann ich auch«, habe ich gesagt, aber ich konnte es nicht. Doch ich spüre, ich muß ebenfalls stark sein. Seit einigen Tagen denke ich bloß über diesen einen Punkt nach.

Schließlich kam ich drauf. Als ich beim Spielen im Garten in der Erde herumstocherte, wurde mir plötzlich klar, wie auch ich stark sein könnte. Jungen fürchten sich ja vor so vielem.

Am nächsten Tag stand ich bei Morgengrauen auf und ging in den Garten. Unter den Bäumen begann ich zu graben. Nach kurzer Zeit stieß ich auf die gefürchteten Würmer. Ekelhafte Viecher, dicke, fette Regenwürmer.

Ich muß sie anfassen. Dadurch werde ich eine sagenhafte Kraft gewinnen. Wenn ich das fertigbringe, werden uns die Jungen endlich nicht mehr kleinhalten können.

Vorsichtig berühre ich einen mit dem Zeigefinger. Ganz weich, widerlich. Sofort ziehe ich die Hand zurück. Aber ich muß es schaffen. Jetzt nehme ich zwei Finger und halte die Berührung etwas länger aus. Mein Herz schlägt wie wild. Ich kann selbst kaum glauben, daß ich so etwas Schreckliches tue. Aber es muß sein.

Widerlich ist es, aber wahrscheinlich ungefährlich. Sie beißen nicht, wahrscheinlich haben sie überhaupt keinen Mund. Ich strecke auch die andere Hand aus. Jetzt habe ich an jedem Zeigefinger einen Regenwurm. Wieviel Zeit vergangen ist, was für

Ängste ich ausgestanden habe, weiß ich schon nicht mehr. Aber jetzt: Zwischen Daumen und Zeigefinger halte ich einen sich kringelnden Regenwurm. Mit der anderen Hand nehme ich einen zweiten hoch. So bleibe ich eine ganze Weile, in jeder Hand einen Wurm. Mein Gesicht glüht, ich schwitze und bin einer Ohnmacht nahe.

Dann legte ich mir einen Wurm auf den Handteller, dann noch einen, dann einen dritten. Mit der anderen Hand fing ich an, sie zu streicheln. Igittigitt. Süße Tierchen, man kann sie schon mögen, wenn man will. Ich legte sie wieder unter den Baum und ging in mein Zimmer und in mein Bett zurück. In meinen Träumen war ich von riesigen Regenwürmern umgeben und hatte große Angst.

Nachmittags kamen die Spielkameraden. Mein Vater würde noch lange nicht von der Arbeit zurück sein. Die Jungen fingen an, zu schubsen und zu raufen. Ali behauptete, Coşkun sei in Berrin verliebt. Was sollte denn das nun bedeuten? Sie fingen untereinander an, zu flüstern und zu kichern. Nun konnte man überhaupt nicht mehr richtig mit denen spielen. Ich sag's ja, die Jungen haben sich unheimlich verändert. Sie lernen unanständige Verschen und legen uns damit rein. Zum Beispiel lassen sie uns »Bauer« sagen, und wenn wir das Wort dann aussprechen, reimen sie drauf: »Geh, piß an die Mauer!« und dabei lachen sie sich tot. Oder: »Sag mal ›Müssen‹!« – »Zeki Müren soll dich küssen.« (Zeki Müren ist ein berühmter, ziemlich alter Schlagersänger; Anm. d. Übers.) Besonders gemein ist: »Sag mal ›Mais‹!«, denn darauf brechen sie in ein Triumphgeheul aus: »Daß ich dich in den Hintern beiß!«

So, jetzt werdet ihr was erleben. Seid denn nur ihr allein stark auf der Erde? Einer fordert mich auf: »Sag mal ›Mais‹!« »Na gut«, sage ich. Wo seid ihr denn, meine lieben kleinen Würmchen? Vorsichtig bücke ich mich und nehme meine Regenwürmer in die Hand. Die Kinder starren mich an. Ich grinse hämisch und koste die Situation voll aus. Dann werfe ich die Tiere dem Jungen ins Gesicht. Ein Wurm bleibt ihm auf der Schulter hängen. Wie er aufgeschrien hat und voller Schrecken abgehauen ist! Und die anderen waren total verblüfft.

gut, daß, wenn ich mit dir käme, wir füreinander das Gewöhnlichste und Alltäglichste würden. Es wäre alles aus.

Ich halte Aydın umarmt. Schon jetzt erlebe ich den Verlust. Die Tränen strömen unaufhaltsam. Das Kissen, mein Nachthemd und er, alles wird naß.

Er sagt nichts. Er weint.

Wie er mich umarmt, das ist das Glück. Ich bin ihm bis ins Innerste gedrungen, und dort bleibe ich auch.

85

Ich schaue mit großen Augen in die Dunkelheit. Ich lausche. Sein Atem geht regelmäßig, aber ich bin sicher, daß er nicht schläft. Er bewegt sich nicht, ich auch nicht. Diese Nacht, dieser Augenblick sollte nie vergehen, seine Wärme, sein Geruch.

Alles war so harmonisch; was wir gerne mochten oder nicht, war sich ähnlich; bis zum Morgen konnten wir reden, diskutieren. Wir haben voneinander viel gelernt.

In unserem reifen Alter waren wir ein Glücksfall füreinander. Ein Glückszufall...

Aber mein Leben, das Knäuel meiner Leiden, Freuden, Bemühungen, Kämpfe war bis heute nicht aus Zufällen gewickelt.

Es geht nicht, Aydın. Ich will nicht, daß wir wie Freunde aussehen und einander feind werden. Mit der unterschwelligen Feindschaft aller Ehen. Daß wir, ohne es zu merken, uns gegenseitig einschränken und dafür schließlich hassen.

Zwei Dinge sind für mich wichtig: Ich will immer der Mensch bleiben, der ich heute bin, mit allen meinen Kämpfen in Vergangenheit und Zukunft. Und wir wollen uns immer so lieben wie heute. Das soll bleiben.

86

Ich wähle Aydıns Nummer. Unglücklich, gebrochen, verloren kommt seine Stimme: »Hallo.« »Gute Reise, Aydın, viel Erfolg, Glück, und hoffentlich sehen wir uns bald wieder«, sage ich.

Eine Weile, eine ganze, lange Weile sagt er nichts, dann: »Kommst du nicht zum Flughafen?« »Ich kann nicht, ich will nicht noch mehr Schmerz ertragen, ich komme nicht, gute Reise, und schreibe mir.«

Ich lege auf. Zusammen mit dem tiefen Schmerz des Verlustes durchzieht mich auch ein tiefes Glück, daß ich mich entscheiden konnte. Ich weiß, ich habe ihn nicht verloren. Und weil ich mich so entschieden habe, werde ich ihn auch nie verlieren.

87

Ich sitze in meiner schönen Wohnung vor dem Spiegel und betrachte mich. Meine Finger betasten mein Gesicht. Auf jeder Linie, jeder Falte verweile ich; ich lächele vor mich hin.

Ich streichele jede zarte Linie einzeln. Meine geliebten Linien und Falten! Was ihr mir alles zeigt: mein Glück, meinen Kampf, mein Unglück, meine Schmerzen, meine Freiheit.

Meine lieben, zarten, kleinen Linien, meine Freunde. Was täte ich ohne euch? Ihr seid meine Entschlossenheit, meine Stärke. Bis ihr entstanden seid, habe ich so viel erlebt, ausgehalten, gekämpft. Und mich bemüht, euch so verständnisvoll und glücklich anschauen zu können.

Es klingelt. Vielleicht ist ein Brief von Aydın gekommen. Vielleicht ist er selbst gekommen.

Ganz bestimmt werden sie in Zukunft mehr Respekt vor mir haben und vorsichtiger sein. Von jetzt ab gilt: Auge um Auge, Zahn um Zahn.

Gut, daß ich das entdeckt habe. Auch Mädchen müssen stark sein. Und ich *bin* jetzt sehr stark. Niemand außer mir traut sich in unserer Gruppe, Regenwürmer in die Hand zu nehmen.

7

Wieder sind wir abends heimlich draußen und spielen Verstekken. Mein Vater sitzt so endlos lange beim Abendbrot, daß wir uns inzwischen austoben können.

Ich möchte nie abzählen, sondern mich viel lieber verstecken. Aber alleine macht es keinen Spaß. Ich will mit Mehmet hinter der kleinen Tanne stehen, wo wir uns eng aneinander drängen. Dabei hüpft mein Inneres.

Einmal waren wir im Kohlenkeller und haben sogar die Tür zugemacht. »Hier ist es aber dunkel, ich fürchte mich«, habe ich gesagt. Eigentlich gab es da gar nichts zum Fürchten. Wer hat wohl vor Kohlen Angst? Mehmet ist noch klein, aber sehr stark. Er legte mir den Arm um die Schulter und hielt mich fest. Mir war, als bliebe mein Herz stehen. Am liebsten hätte ich den Kopf an seine Schulter gelegt, aber ich traute mich nicht. Von draußen waren keine Kinderstimmen zu hören. Ich tat so, als schaute ich durchs Fensterchen, um zu sehen, was die anderen machten. Da sagte Mehmet: »Sie finden uns hier wahrscheinlich nicht, laß uns rausgehen.« Obwohl ich noch jahrelang hätte dort bleiben mögen, sagte ich doch: »Na gut, laß uns rausgehen.« Mehmet lief ganz glücklich zum Anschlag und rief: »Gerettet!« Ich bemühte mich gar nicht erst, den Anschlag zu erreichen und »gerettet« zu werden. Ich war verletzt, schaute Mehmet überhaupt nicht mehr an und ging ins Haus. Die anderen wunderten sich.

Am nächsten Tag saß ich zu Hause und hatte schlechte Laune. Gegen Abend kam zuerst Berrin. Ali, Yusuf, alle kamen nach und nach. Ich war weiter mürrisch. Aber ich fragte auch niemanden, wo denn Mehmet geblieben sei. Wo war er denn bloß?

Nach zwei Stunden kam er. Ach, mein Herz machte einen riesigen Satz, und mein Gesicht wurde knallrot. Ich schaute zur Erde und hob den Kopf erst, als die Röte etwas vergangen war. Ich bin wohl nicht normal.

Mehmet wird mit seiner Familie ans Meer nach Erdek fahren und einen Monat dort bleiben.

Später rief mein Vater uns wieder mit lautem Geschimpfe hinein. Diesmal schämte ich mich sehr. Sein Geschrei ging wirklich zu weit. Ich knallte beim Reinkommen die Tür hinter mir zu und ging gleich nach oben in mein Zimmer. Dort hängte ich mich halb aus dem Fenster. Mehmet war auf das Eisengitter der Gartenmauer gestiegen. Ich beugte mich so weit wie möglich vor, konnte aber seine Hand nicht erreichen. Ich wollte ihm etwas zum Andenken schenken, eine Perle, die vom Ohrring meiner Mutter runtergefallen war. Wieder beugte ich mich raus und warf sie ihm zu. Er sagte: »Willst du dich nicht von mir verabschieden?« Das wollte ich natürlich sehr gern, aber ich konnte seine Hand nicht erreichen. Ich mußte noch einmal hinunter. Aber mein Vater saß bei offener Tür im Wohnzimmer. Ich wartete und drückte mich so lange rum, bis er mal wegschaute. Dann schlich ich geduckt am Wohnzimmer vorbei und öffnete leise die Außentür. In diesem Augenblick fühlte ich mich in der Lage, alles für Mehmet zu tun. »Gut, daß mein Vater so schlecht hört«, dachte ich. Mehmet hangelte sich von der Mauer herunter. Ich stellte mich auf die Zehenspitzen und berührte mit meinen Lippen seine Wange. »Auf Wiedersehen«, sagte ich. Dann rannte ich ins Haus, schlug die Tür zu und polterte die Treppe hinauf.

Mein Vater schrie: »Was ist denn jetzt los?« Aber das machte mir nichts aus. In dieser Nacht konnte ich nicht schlafen.

8

Am nächsten Morgen fand mich meine Mutter in aller Frühe am Fenster sitzend. »Was machst du denn da?« fragte sie. »Nichts, ich konnte bloß nicht schlafen«, sagte ich. Wenn ich ihr doch hätte erzählen können, wie sehr Mehmet... wie sehr ich Mehmet...

Da kam schon von oben Papas Stimme: »Meine Miiilch!« Mit »Ach, er ist aufgewacht« eilte meine Mutter schnurstracks in die Küche, um dem Vater seine Milch zu wärmen, die er jeden Morgen im Bett trinkt. Mein Vater geht spät zur Arbeit. Mutter steht morgens immer als erste auf und bringt ihm die angewärmte Milch ans Bett. Dann kocht sie die Zweiminuteneier und ruft ihn, wenn alles fertig ist. Danach schmiert sie für uns Toast mit Butter und Kirschmarmelade. Und für alles das gibt ihr der Papa nicht mal das Geld, das sie verlangt.

Ich hätte ihr gerne von Mehmet erzählt. Aber sie schaute wütend drein und mochte nicht reden.

Abends versammeln wir uns wieder in unserem Garten. Ich bin sehr traurig. Bestimmt, weil Mehmet nicht da ist. Und dabei ist er erst seit fünf Tagen fort. Ich schäme mich, es zu sagen. Ich habe ihn… so, so…

Ali bringt einen Gast mit in den Garten, Altan. Er ist nicht so lustig wie Mehmet; er geniert sich wohl ein bißchen. Außerdem wird er bei unseren Späßen rot. Solche Typen mag ich gar nicht. So ein Naseweis. Das Spielen ohne Mehmet macht sowieso keinen Spaß. Und wenn Altan nicht reden will, dann rede ich auch nicht; soll er zusehen. Er spielt mit Ali Murmeln und schaut uns nicht an. Als ob wir Mädchen nicht auch Murmeln spielen könnten. Ich beobachte ihn: Er hat eine hübsche, winzige Nase; außerdem gewinnt er dauernd. Die gewonnenen Murmeln stopft er in die Tasche und geht. Soll er doch, der Idiot!

Heute abend sind Ali, Yusuf und Altan wieder gekommen. Altan hat mich gegrüßt und sich neben mich gesetzt. Mit Kreide hat er auf die Treppenstufe ein Viereck gezeichnet und gefragt: »Kannst du Dame spielen?« Und als ich verneinte, meinte er: »Ich bring's dir bei.« Dann hat er die Steine aufgestellt. Ein schönes Spiel. Er kann es auch gut. Was für ein gescheiter Junge. Als ich gerade dabei bin, das Damespiel zu lernen, kommt da nicht mein Vater in den Garten? Kein Mensch weiß, wann er kommt und geht. Er hat die Brauen zusammengezogen, und Altan ist aufgestanden und hat »Guten Tag, mein Herr« gesagt. Verdammt, woher soll er denn die Macke meines Vaters kennen? Was ist, wenn ihm Vater jetzt eine aufs Auge gibt? Mein Herz klopft zum Zerspringen. Zum Glück schaut mein Papa bloß entsetzlich grimmig und geht hinein. Als Altan sich daraufhin verabschiedet, ist mir sehr mulmig zumute, und ich schäme mich. Und dabei habe ich doch fast schon Dame gelernt.

Mit Altan bin ich sehr gut befreundet. Er ist gar nicht so überheblich, wie ich zuerst dachte. Ein kluger Junge! Weil er mehr weiß als die anderen und nicht so aufdringlich ist, wirkt er anfangs wie ein Musterknabe. Beim Versteckspielen abends gehen wir auch zusammen in den Kohlenkeller. Da läßt er mich nie allein. »Fürchtest du dich?« fragt er, und: »Frierst du?« Und vor allem: »Hoffentlich wird dein Vater nicht böse.« Süß, wirklich süß.

Mehmet ist mit seiner Familie zurück. Kaum waren sie aus dem Auto gestiegen, als Mehmet schon zu uns gerannt kam. »Schau mal«, sagte er. Auf der Handfläche hielt er mir die Perle hin, die er aufbewahrt hatte. »Die gib mal gleich her. Meine Mutter hat sie schon verzweifelt gesucht«, sagte ich. »Was, die gehört deiner Mutter?« Ja, was denkst du denn, Idiot. Ich nahm sie ihm weg. »Natürlich meiner Mutter, wem denn sonst? Und jetzt geh schnell, mein Vater wird böse, das weißt du ja.« Eigentlich war mein Vater gar nicht zu Hause, aber bald mußte Altan zum Damespielen kommen. Dann könnte ich, ehe mein Papa zurückkehrte, noch eine Stunde mit Altan zusammensein. Mein Gott, ist Mehmet von der Sonne verbrannt, er sieht ja aus wie ein Zigeuner.

Am anderen Tag mochte ich Mehmet wieder gern. Ich hatte ihn ja vermißt, aber keine Zeit gefunden, an ihn zu denken. Mit ihm machten unsere Spiele viel mehr Spaß.

Heute ist Samstag und Papa den ganzen Tag zu Hause. Da kann keine Menschenseele zu uns kommen. Obwohl doch Mehmet erst kürzlich zurückgekehrt ist und Altan bald abfahren muß. Ich möchte meine beiden Freunde sehen. Freunde? Ja. Aber warum habe ich für sie andere Gefühle als für Ali und Yusuf?

Jetzt fährt mein Vater mit dem Auto weg. Im Rausgehen hat er sich noch einmal umgedreht und gesagt: »Ich komme gleich wieder.« Das sagt er immer. Und manchmal ist er auch wirklich gleich wieder da, aber oft bleibt er bis zum Abend fort. Wenn er zurückkommt, haben wir Pech gehabt. Wenn er uns im Garten mit den Buben erwischt, gibt es ein Donnerwetter, er schmeißt sie raus, und wir kriegen Hausarrest. Das ist ein Glücksspiel, und ich finde es sehr spannend. Meine Schwester kommt meistens nicht mit in den Garten, aber ich wage es immer. Vielleicht bleibt er ja lange weg, warum soll ich die schöne Zeit nicht ausnutzen?

Diese Burschen beobachten offenbar unser Haus. Zehn Minuten nach Vaters Abfahrt erscheint Altan, kurz darauf Mehmet. Mehmet hat seiner Katze Schleifen auf die Ohren geklebt. Was für eine Idee! Altan hat Mitleid mit der Katze. »Es tut ihr weh, machen wir diese Schleifen ab!« sagt er. Ich soll zwischen den beiden entscheiden, aber ich weiß nicht, wem ich recht geben soll, ich will keinen von beiden kränken. Am liebsten wäre ich immer mit den beiden zusammen, und beide sollen sie mich am allermeisten mögen.

Als ich das Berrin erzählte, genierte sie sich. »Du bist in beide verliebt. Das gehört sich nicht. So was gibt's ja gar nicht«, hat sie gesagt. »Aber so ist es nun mal«, sage ich und bin selbst erstaunt.

9

Monatelang hat mein Vater eine vertrauenswürdige private Mädchenschule gesucht und endlich das berühmte Lyzeum der Dame Rabia gefunden. Dort wurde ich eingeschrieben. Gleich zu Anfang ließ Vater mich wissen, er habe mit der Direktorin abgesprochen, wenn ich schlimme Sachen anstellte, würde ich von der Schule fliegen. Aber worin die schlimmen Sachen bestehen, hat er mir nicht erklärt. Er denkt wohl, daß ich das weiß.

In der Schule sind lange Haare verboten; sobald sie über die Ohren wachsen, muß man Zöpfe flechten. Alle sehen aus wie Ratten. Wir tragen Uniformen und Mützen. Jeden Montag kontrolliert die Direktorin persönlich Haare, Fingernägel und Gesicht. Einmal hat sie auf meinen Nägeln herumgekratzt und gefragt: »Hast du sie etwa lackiert?« »Nein, gnädige Frau, das ist ihr natürliches Rosa«, habe ich gesagt. Sie schaute mich an, als wollte sie das nicht glauben. »Hm, nächste Woche werden wir's ja sehen«, sagte sie. Diese Frau mag mich nicht.

Heute morgen auf dem Schulweg bin ich Yusuf begegnet. Wir haben geredet und sind zusammen bis zu meiner Schule gegangen; seine ist ein bißchen weiter. Wir begegneten der Biologielehrerin. »Guten Morgen«, habe ich gesagt, aber es kam keine Antwort.

Aus dem Unterricht wurde ich zur Direktorin gerufen. »Schämst du dich nicht?« fragte sie. »Weswegen denn?« »Auf der Straße hat man dich mit einem Jungen gesehen. Ich habe deinen Vater benachrichtigt. Wenn das noch einmal vorkommt, werfe ich dich von der Schule.«

Ich dachte bei mir: Das wird sie sich schwer überlegen. Wir bezahlen ja einen Haufen Schulgeld, und sie weiß, daß später auch meine kleine Schwester kommt.

Tatsächlich hatte sie meinem Vater Bescheid gesagt. Es gab bei mir zu Hause ein solches Donnerwetter, daß es alle Nachbarn hören mußten und ich vor den Freunden wieder einmal blamiert war. Zum wievielten Male?

Nun hat mein Vater einen Minibus gemietet, der mich mit anderen Mädchen zur Schule bringt und abholt. Die Fenster unserer Schule sind weiß gestrichen, damit wir nicht die Jungen vom Französischen Gymnasium auf der Straße vorbeigehen sehen. Dabei haben wir zur gleichen Zeit Schulschluß, und sie drängen sich rudelweise vor unserem Schultor. Auch ich sehe jeden Abend einen, der mir sehr gefällt. So ein hübscher Bengel, lieber Gott...

Und diesen Jungen treffe ich Samstag abends auch immer im Kino. Jeden Samstag bringt uns Papa dorthin. Er reserviert eine Loge. Wenn keine Loge frei ist, dürfen wir nicht gehen. Er sagt, er läßt uns und unsere Mutter nicht unter den Leuten sitzen. Wir gehen alle zusammen, meine Mutter, meine Schwester, ich und unsere Nachbarin Gülriz Abla. Und *er* kommt auch. Wir schauen uns immer lange an.

Meine Tante (die Schwester meines Vaters) ist schon ziemlich alt und krank. Letzten Samstag bekam mein Vater einen Telefonanruf, der Tante gehe es sehr schlecht, er solle kommen. Wir hatten Kinokarten besorgt, aber mein Vater mußte los und kam nicht wieder; später rief er an, daß auch meine Mutter kommen solle. Es wurde Abend, und beide waren immer noch nicht zurück. Wir platzten vor Unruhe. Weshalb kamen sie denn bloß nicht? In zwei Stunden sollte der Film anfangen, und noch hatten wir nicht mal gegessen.

Wir beschlossen, die Tante anzurufen. Meine Schwester meinte: »Papa wird böse«, aber ich wählte die Nummer. Meine Mutter war am Apparat. »Brav, mein Mädchen, du weißt dir zu helfen«, sagte sie. »Aber seid nicht traurig, sie war ja schon so alt, jetzt ist sie gestorben. Wartet nicht auf uns, und macht euch was zu essen. Nur nicht traurig sein, so ist halt das Leben.«

Verdammt. Heute abend gehen wir also nicht ins Kino.

10

Eines Tages nahm mich Mutter zur Seite: »Komm, ich will dir mal was sagen.« Ich bekam einen Schreck, weil sie so ernst aussah. Meine Schwester wurde in den Garten geschickt. Da bekam ich noch mehr Angst. Mein Gehirn arbeitete wie eine Maschine. Was hatte ich in den letzten Tagen bloß angestellt, was verbrochen? Ich ging alles durch. Einer Lehrerin hatten wir einen Zettel angehängt. Zu Ali hatte ich gesagt: »Beiß mir in den Hintern!« An einem Tag hatte ich zwei Eis gegessen.

Etwas weicher sagte meine Mutter: »Komm, setz dich mir gegenüber.« Und dann fing sie an zu reden: »Mädchen, die Frauen haben einen Zustand, weißt du, jeden Monat einmal. An bestimmten Tagen blutet es unten heraus. Das dauert drei, vier Tage.«

»Was? Blut? Was für ein Blut, Mama? Wo blutet es denn da, warum blutet es?«

»Kleines, das nennt man Frausein. Du weißt ja, die Frauen bekommen Kinder, und deswegen muß dieses Blut fließen.«

»Mama, werde ich jetzt ein Kind kriegen? Wann blutet es denn? Wenn es blutet, kriege ich dann ein Kind?«

»Nein, Mädchen, reg dich nicht auf, hör zu. In deinem Alter beginnt die Blutung. Aber das heißt nicht, daß man dadurch ein Kind bekommt. Im Körper der Frau bilden sich Eier. Diese Eier stößt der Körper ab, wenn kein Kind entsteht. Die Blutung ist notwendig, um das Ei abzustoßen.« »Mama, Mütterchen, was für ein Blut, ich will kein Kind haben. Kommen jetzt bei mir unten Eier raus, was passiert mit mir, was?«

»Kind, was schreist und weinst du? Hör doch mal zu. Natürlich kommen keine Eier raus, und ein Kind bekommst du auch nicht. Die ganze Geschichte ist nötig, damit du später mal ein Kind bekommst. Mein Gott, hätte ich das vielleicht nicht erzählen sollen? Aber du bist ja in dem Alter, und deine Brüste sind gewachsen. Hättest du denn lieber von der Blutung überrascht werden wollen? Schau, ich hab' das auch. Jeden Monat kommt ein bißchen Blut. Aber kriege ich etwa ein Kind?«

»Jeden Monat blutest du? Davon habe ich aber nie etwas bemerkt.«

»Das sieht niemand. Du tust Watte in dein Höschen und wechselst sie, wenn sie blutig ist. Das bemerkt keiner.«

»Wenn die Jungen Vater werden wollen, müssen sie dann auch unten bluten?«

»Nein, weil sich bei denen keine Eier im Bauch bilden. Aber Kind, sie werden ja beschnitten, sobald sie aus dem Babyalter raus sind. Haben wir nicht voriges Jahr das Beschneidungsfest von Mustafas kleinem Bruder gefeiert?«

»Das hört sich schon besser an! Mama, wenn ich blute, kriege ich dann wohl auch Geschenke?«

»Leider nicht. Denn wir werden es niemandem erzählen. Das geht ganz im geheimen vor sich, du machst das ganz unbemerkt mit dir alleine ab.«

»Aber warum feiern sie, daß sie erwachsen werden und bekommen Geschenke, und wenn wir erwachsen werden, soll es keiner wissen?«

»Uff! Jetzt reicht's, mein Gott. Das gehört sich nicht. Jetzt soll es zur Regelblutung auch noch Geschenke geben. Was geht die Leute dein Unterleib an?«

»Gut. Aber was ist bei der Beschneidung? Ist der Pipi nicht am Unterleib? Was geht es die Leute an, wenn der Pipi beschnitten wird? Mama, ich will keine Regel haben. Oder wenn, dann will ich allen verkünden, daß ich groß bin. Ich lade alle meine Freunde ein und esse Kuchen und kriege Geschenke. Jetzt reicht's *mir*! Wenn es sich nicht gehört, warum bluten wir dann? Oder was ist daran ungehörig, daß eine Frau blutet? Liegt es daran, daß wir keinen Pipi haben? Hätten wir einen, würden wir auch ein Fest feiern? Warum ist ihre Sache nicht ungehörig, aber unsere Blutung ist es? Mir reicht's, mir reicht's jetzt, Mama! Wenn es soweit ist, wirst du erleben, daß ich laut schreie: Ich habe die Regel!«

»Schluß, Mädchen, schweig, schrei nicht, das gehört sich nicht.«

Und schließlich war es dann soweit.

Wir waren von der Schule gekommen und spielten im Garten; ich hockte mich hin und zeichnete Figuren auf die Erde. Irgendwie fühlte ich mich krank. Ich hatte Bauchweh, etwas wühlte in mir, als wollte das Innere nach außen.

Wie ich so hocke, stecke ich zufällig den Kopf zwischen die Knie und sehe, daß mein Höschen ganz rot ist. Ich fahre erschrocken hoch und schaue mich um, aber nein, niemand hat mich gesehen. Mit einer Hand drücke ich von hinten meinen Rock fest und renne mit »Mama, Mamaaa« ins Haus. Meine Mutter ist keineswegs aufgeregt. Sie lacht und gibt mir eine leichte Ohrfeige. Das ist ein alter Brauch, der daher rührt, daß früher die Töchter, wenn sie unaufgeklärt die erste Regel erlebten, meistens unter einem Schock standen, den die Mütter mit einer Ohrfeige kurierten. »Jetzt bist du ein großes Mädchen geworden.« Das erste, was mir dazu einfällt, ist, daß ich von jetzt an ein Kind bekommen kann.

Heute bin ich nicht in den Garten gegangen, selbst nicht, als die Freunde riefen.

Meine Schwester ahnt sicher, daß irgend etwas vorgeht, aber sie fragt nicht.

In der Schule erzähle ich es meinen Freundinnen. Gül ist ganz begeistert: »Du bist jetzt eine Frau.« Serpil behauptet, wenn ich die Regel siebenmal hintereinander hätte, bekäme ich ein Kind. Fügen macht sich über diese Naivität lustig. Günseli erzählt, daß sie ihre Tage schon seit langem habe, aber aus Scham niemandem davon erzählt habe; daß sie sich selbst verabscheue und sich übergeben müßte. Gül weiß zu berichten, daß ihr Vater sich über die Kolleginnen am Arbeitsplatz lustig macht mit Worten wie: »Heute war sie mal wieder sehr nervös, bestimmt hatte sie ihre

Regel.« Und dann gibt sie ihres Vaters Meinung zum besten, daß Frauen im Berufsleben wegen der Blutungen und Schwangerschaften nicht erfolgreich sein könnten.

Wenn ich mal berufstätig sein werde, muß ich mich als blutende Frau verstecken.

Am Abend kommt meine Tante und sagt vor allen Leuten: »Ach, du liebe Güte, mein Mädchen ist erwachsen geworden, sie hat sogar ihre Regel bekommen.« Sie lacht mich an, aber ich bin verwirrt, werde über und über rot und laufe nach oben, wo ich in meinem Zimmer zu weinen anfange. Meine Mutter kommt mir nach und sagt: »Du wolltest dich doch nicht schämen, sondern ein Fest veranstalten wie die Jungen bei ihrer Beschneidung!«

II

In der ersten Pause stehen die Mädchen zusammen und bereden etwas, das offenbar sehr geheim ist. Ich laufe sofort zu ihnen hin. Sie schweigen plötzlich und vergewissern sich erst, wer gekommen ist, aber als sie sehen, daß ich es bin, nehmen sie mich in die Mitte. Fügen erzählt. Sie ist die Älteste von uns, weil sie zweimal sitzengeblieben ist, und auch jetzt arbeitet sie überhaupt nicht mit im Unterricht.

»Dann bin ich aufgestanden und habe mich saubergemacht, ich war ja überall naß. Atıf tat es auch sehr leid, er versuchte mich zu trösten: ›Was kann ich dafür, du gefällst mir so, daß ich mich nicht beherrschen konnte.‹«

»Was war da los? Erzähl's noch mal von Anfang an; was war da Nasses überall?« frage ich aufgeregt. Die Mädchen kichern. Eine sagt: »Am Wochenende hat sie mit Atıf herumgeschmust, das erzählt sie.«

»Und davon wird man naß?« frage ich.

»Ja nun, etwas passiert da ja, wir haben natürlich nichts gemacht, aber den Rock hat er mich schon ausziehen lassen.«

»Gut, aber was war da an dir?« frage ich noch einmal nach, weil ich's immer noch nicht kapiere.

»Du spielst aber wirklich das Dummerchen, bist du blöd oder

was? Den Männern kommt es doch, und wenn das dann auf dir passiert, bist du verloren.«

Jetzt kann ich mein Wissen endlich doch beweisen: »Das ist schlimm, daraus entsteht ein Kind«, sage ich.

»Ganz bestimmt nicht, meine Liebe, weil wir nichts gemacht haben, das heißt, ich bin Jungfrau.«

»Werdet ihr heiraten?« frage ich. Alle schauen Fügen neugierig an, als ob sie sich verändert hätte, aber sie sieht eigentlich wie immer aus.

»Wahrscheinlich heiraten wir, sicher«, sagt sie.

Günseli wirkt ziemlich besorgt. »Hör mal, erzähl das bloß keinem, sonst nennen sie dich Hure«, sagt sie.

»Kind, Hure sagt man zu denen, die mit Männern für Geld schlafen; nimmt unsereins etwa Geld?«

»Na, ich weiß nicht, wer mit Männern so was macht, wird als Hure bezeichnet«, beharrt Günseli. Fügen wird wütend: »Soll ich euch mal was sagen: Ob ihr nun mit einem Jungen schlaft oder nicht, jeder nennt euch so, und zwar schon, wenn ihr mit einem geht oder Briefe wechselt, wenn ihr euch verliebt oder mit einem ins Auto steigt.«

Gül versucht, Fügen zu beruhigen, und unterbricht sie mit der Frage: »Warum wird nun Atıf nicht Hure genannt?«

»Weil Atıf kein Jungfernhäutchen hat, das ist's.«

»Hat er keins?«

Wir lachen uns tot über Birnurs Frage, und sie schämt sich ihrer Unwissenheit. Als das Wahnsinnsgelächter aufgehört hat, schauen wir uns stumm an. Wenn jetzt eine von uns fragte: »Was ist denn dieses sagenumwobene Ding, das man Jungfernhäutchen nennt, wie sieht es eigentlich aus?«, dann stünden wir dumm da. Denn außer dem Namen und außer der Erfahrung, daß es wichtig ist, haben wir keine Ahnung!

12

Eines Nachts kann ich nicht schlafen und wälze mich in meinem Bett. Von nebenan kommen seltsame Geräusche. Ich höre meinen Vater atmen, tief atmen, so als ob er etwas Schweres heben müßte. »Ah, ah, ah«, macht er, dann »Oooh.« Er atmet rasch. Ich richte mich im Bett auf und lausche. Mein Herz fängt an zu klopfen. Da drinnen gehen offensichtlich keine angenehmen Dinge vor sich. Mein Vater sagt: »Halt, bleib so!« Also ist auch meine Mutter beteiligt, aber von ihr höre ich keinen Laut. Dann ist es plötzlich ganz still. Aber schon beginnt mein Vater wieder zu schnaufen und ah und oh zu sagen. Als ob ihm etwas weh täte. Und meine Mutter schweigt dazu.

Ich bin aufgeregt. Bisher ist mir noch nie in den Sinn gekommen, daß meine Eltern *es* machen könnten. Sie sind ja immerhin schon alte Leute. Ich fange an zu weinen. Mein Vater stöhnt noch einmal tief auf, während meine Mutter wieder keinen Ton von sich gibt. Nach einer längeren Stille sagt er: »Das war doch schön, nicht wahr?« Von ihr keine Antwort. Jemand steht auf und geht ins Bad. Man hört Wassergeräusche. Ich habe einen Haß auf die beiden. Mich ekelt. Verdammt, das sind ja schmutzige Sachen, schmutzig, schmutzig...

Am nächsten Morgen bleibe ich im Bett. Mittags erscheint meine Mutter in der Tür. »Los, Mädchen, steh endlich auf!« Ich schaue sie haßerfüllt an. Spürt sie etwa, daß ich gestern abend alles gehört habe? »Laß mich in Ruhe«, sage ich scharf. Sie kommt an mein Bett und will mir über die Haare streichen. »Was hast du denn, Mädchen«, sagt sie. Ich stoße ihre Hand zurück. »Laß mich bloß in Frieden; kann man noch nicht mal liegenbleiben, ohne daß ihr euch einmischt«, sage ich und fange an zu schluchzen. Ihr Blick trifft mich, sie murmelt: »Dummkopf.« Am Abend rede ich auch mit meinem Vater nicht. Ich verabscheue sie.

Jede Nacht vergrabe ich jetzt meinen Kopf unter dem Kissen und versuche zu schlafen. Und wenn sie es wieder tun? Warum habe ich das früher nicht bemerkt. Mein Haß dauert an. Sie verstehen nicht, warum ich »so« bin. Meine Mutter sagt zu ihrer Freundin: »Das ist wohl die Pubertät. Sie ist unausstehlich neuerdings.« Unausstehlich ist sie selbst. Beim Tavla-Spiel fängt sie jedesmal mit Vater Streit an. Mit monotoner Stimme nörgelt sie so lange herum, bis mein Vater mit einem Knall den Tavla-Kasten zuklappt und das Spiel ein Ende hat. Dann beginnt der Streit. Ihre monotonen Stimmen machen mich wahnsinnig. Ich kann nicht schlafen, nicht lernen. Sie lieben sich gar nicht. Aber trotzdem machen sie *es*. Und jedesmal ist meine Mutter stumm dabei. Was tut sie wohl währenddessen?

13

Noch zwei Monate bis Schulschluß. Physik, Chemie, Mathe, Geschichte, Biologie, das sind meine schlimmsten Fächer. Ins Physikbuch habe ich nicht einmal reingeschaut. Meine Mutter ist wegen meiner schlechten Noten etwas traurig, aber mein Vater überhaupt nicht. Ein Zeugnis voller ›Mangelhaft‹ regt ihn nicht auf. »Für Mädchen ist das nicht so wichtig«, sagt er. Gut, daß wir keine Jungen sind.

Fügen war drei Tage nicht in der Schule, heute kam sie. Blaß, mit geschwollenen Augen, als hätte sie geweint. War etwas los mit ihrem Freund? Haben sie sich vielleicht getrennt?

In der ersten Pause umringen wir Fügen. »Es ist alles in Ordnung«, sagt sie. In der Mittagspause sitzt sie allein im Garten. Zu fünft gehen wir zu ihr hin. »Was hast du, Fügen?« fragen wir. »Nichts«, sagt sie und fängt an zu weinen. Dann schluchzt sie: »Ich bin schwanger, schwanger.« Lieber Gott, wie ist denn das passiert? Kann so ein junges Mädchen denn schwanger werden? Wir stehen erstarrt, keine sagt etwas. Schließlich fragt Gül: »Woher weißt du das denn? Vielleicht stimmt's gar nicht.« Fügen trocknet ihre Tränen. »Seit drei Monaten habe ich keine Regel, und meine Brüste sind dick geworden, außerdem ist mir übel; ich hab' in einem Buch gelesen, daß dies die Anzeichen sind.«

Was machen wir jetzt bloß? »Hast du es Atıf gesagt?« frage ich. Da fängt sie schrecklich an zu heulen, und heulend bringt sie schließlich hervor: »Ich hab's ihm gesagt, und er hat mich verlassen.«

Sie hatte es Atıf gesagt, und der antwortete einfach: »Wie willst du denn das beweisen, wir haben es ja nicht mal richtig gemacht.« Er war sehr böse geworden. »Das heißt, du hast es auch mit anderen getrieben, jetzt hängst du es mir an, und dabei hast du mich gequält, weil du angeblich Jungfrau warst. Sag deiner Mutter, sie soll dich zum Arzt bringen, aber vorher machen wir es noch einmal richtig.« In diesem Moment war Fügen in Ohnmacht gefallen. Atıf hatte es mit der Angst gekriegt. Nachdem sie zu sich gekommen war, hatte er gesagt: »Los, geh nach Hause. Ich muß jetzt zur Arbeit. Ich ruf dich später an.« Fügen hatte drei Tage auf den Anruf gewartet und ihn an den alten Treffpunkten gesucht. Aber Atıf hatte sich aus dem Staub gemacht.

»Na gut, bist du wirklich Jungfrau?« frage ich.

»Natürlich. Was mache ich jetzt bloß? Mein Vater ersticht mich, meine Mutter bringt mich um, sie erwürgen mich.«

»Wirklich, man kann es ihnen nicht sagen! Schon wenn ich meiner Mutter erzähle, daß Fügen schwanger ist, schlägt sie mich.«

Fügen tut uns sehr leid, wir müssen ihr helfen. Ihre Familie ist so konservativ, daß sie kaum zum Kaufmann an der Ecke Brot holen gehen darf. Ihr Vater ist noch schlimmer als meiner. Sie darf nicht mit dem Kaufmannslehrling reden, weil das ja ein Mann ist. Wenn ich vielleicht am Abend mit meiner Mutter spreche? Uiii! Sie wird mir an die Kehle springen!

Wir drei schwänzen die Schule. Gül, Fügen und ich. Wir wandern durch die Straßen und lesen die Schilder der Arztpraxen. Endlich finden wir einen Frauennamen und gehen rein. Ein schmutziges Mietshaus. Fügen ist gelb im Gesicht, Gül nicht weniger. Ich versuche, kaltblütig zu bleiben, aber auch mein Gesicht ist wie Wachs, und mein Herz pocht heftig. Vor Scham möchte ich in die Erde versinken. Wenn dies nun mir passiert wäre?

Wir klingeln, eine grobschlächtige Frau öffnet. »Was ist los?« fragt sie. »Können wir reinkommen?« frage ich. »Was wollt ihr?« fragt sie scharf. »Wir möchten etwas besprechen, können wir für eine Minute reinkommen?« Sie gibt die Tür frei. Wir gehen ins Wartezimmer, in dem sonst niemand ist. Wir drei bleiben stehen, schauen zu Boden und schweigen. Die Frau steht uns gegenüber. Gül und Fügen zittern wie Espenlaub. Ich muß also sprechen.

»Meine Freundin ist schwanger, wir sind gekommen, um das Kind wegmachen zu lassen.« Ich weiß kaum, wie ich die Worte herausbringen soll. Fügen fängt an zu weinen. Die Ärztin scheint nicht überrascht, aber sie betrachtet uns mit Abscheu. »Kommt mit einem Erwachsenen wieder. Hast du keinen Ehemann, bring den mit«, oder so etwas ähnliches redet sie. Ihr Gesicht ist kein bißchen liebenswürdig, und ich wünschte, daß ihre Tochter mal in die gleiche Lage käme. Laut sage ich: »Wir haben Geld. Meine Freundin weiß weder aus noch ein, Sie verstehen. Bitte helfen Sie uns.« Hoffentlich reicht das Geld, das wir in der Klasse gesammelt haben, bete ich. »Geh da rein«, sagt sie. Fügen verschwindet hinter der Tür, die hinter ihr zuknallt. Ich schaue Gül an. Wir weinen beide lautlos.

Es kommt uns vor wie eine Ewigkeit. Wir warten. Endlich erscheint die Ärztin in der Tür. »Gleich wacht sie auf, ihr könnt zu ihr«, sagt sie. Fügen liegt auf einer hohen, schmalen Liege. Ihr Gesicht ist schneeweiß. Wir warten. Sie kommt langsam zu sich und fängt an zu schreien: »Du Esel, Esel, Esel!« Weinend wiederholt sie immer wieder das eine Wort. Dann schlägt sie die Augen auf und erblickt uns. »Ist es vorbei?« fragt sie. »Ja«, sagen wir. Sie weint. Es ist noch eine weitere wie eine Ärztin aussehende Frau im Raum. Nach einer halben Stunde sagt sie: »Jetzt könnt ihr gehen.« Die Pflicht des Bezahlens fällt wieder mir zu; ich schäme mich sehr. Außerdem ist das Geld ein bißchen zu wenig. Als ob sie mich gleich schlagen wollte, sagt die Frau: »Na gut, gib's schon her; und jetzt los, geht!«

Wohin sollen wir gehen? Muß sich Fügen nicht hinlegen? Nach Hause können wir nicht, also beschließen wir, uns ins Café zu setzen. Für einen Tee findet sich noch etwas Kleingeld in den Taschen. Fügen an den Armen haltend, führen wir sie langsam zu einem Café. Wir setzen uns hin, und sie erzählt.

»Ich gehe rein und sehe noch eine andere Frau. ›Mach mal Pipi‹, sagen sie zu mir. Als ich zurück bin, muß ich das Höschen ausziehen und den Rock hochkrempeln. Dann muß ich mich auf jenen hohen, langen Tisch legen. Sie haben mir die Beine zur Seite gespreizt und in diese Gabeln gelegt. Die Frau hat Handschuhe angezogen. Dann hat sie mich da naß gemacht und etwas reinstecken wollen, aber plötzlich hat sie gerufen: ›Ah, du bist Jungfrau!‹ Ich habe nichts sagen können. Mit einem Mal hat sie ihren Finger tief reingesteckt, das tat wahnsinnig weh, so daß ich aufgeschrien habe. ›Hättest du mal von Anfang an die Folgen bedacht, statt jetzt zu schreien!‹ sagte sie. Ich zitterte am ganzen Körper. ›Locker lassen, entspannen!‹ hat sie gebrüllt. ›Ich wollte es ohne Narkose machen, aber dann eben nicht.‹ Die andere Frau hat mir Watte auf die Nase gepreßt, – und weiter erinnere ich mich nicht.«

Später setzen wir uns auf eine Parkbank. Ich kann nichts denken.

Was Atıf wohl jetzt macht?

14

Mein Vater will nicht, daß wir mit dem Bus fahren. Er hat es uns geradezu verboten. Dabei möchte ich es liebend gerne, weil es die Freiheit bedeutet. Raus aus der Schule und zur Haltestelle schlendern, dabei einen Sesamkringel knabbern und mit den Freundinnen plaudern. An der Haltestelle siehst du Schüler von anderen Schulen und kannst mit ihnen reden. Bis jetzt habe ich das nie dürfen, und ich bin sehr eifersüchtig auf meine Klassenkameradinnen, die das machen.

Wir fahren mit einem Kleinbus in die Schule, der uns morgens von zu Hause abholt und abends wieder bringt. 16 Mädchen drängen sich wie die Heringe in den Minibus. Auch das macht manchmal Spaß. Aber nicht wegen des Spaßes hat mein Vater diese Art der Beförderung gewählt, sondern wegen der Sicherheit.

Eines Tages, als alle Mädchen schon ausgestiegen waren bis auf drei, hat uns unser Chauffeur Ali Abi auf den Tannenhügel gefahren. Ich vergesse es nie, an jenem Tag war es kalt und neblig. Kaum konnte man die Straße hoch zum Tannenhügel erkennen. Wir waren wahnsinnig aufgeregt und hatten Angst. Aber es machte Spaß. Auf dem Hügel hielten wir ein paar Minuten an und fuhren dann schnell zurück. Unseren Müttern erzählten wir, daß ein »Reifen geplatzt« sei.

Ali Abi ist jung und hübsch und versteht sich mit uns. Eines der Mädchen ist wohl in ihn verliebt, weil sie sofort beim Klingeln wie eine Kanonenkugel lossaust, um im Minibus den Platz neben ihm zu besetzen. Auf den Tannenhügel hat Ali Abi sie aber nicht mitgenommen.

Eines Tages verspätete sich Ali Abi. Wir gingen ihm schon mal langsam in Richtung Hauptstraße entgegen. Schließlich kamen wir zur Bushaltestelle, genau in dem Moment, als ein Bus kam; und so stiegen wir alle zusammen ein. So ein Tumult, ein Durcheinander und Gedränge. Ich hatte gedacht, es führen bloß Schüler mit, aber da waren eine Reihe Männer und alte Frauen.

Als ich mich so umgucke, sehe ich ein Mädchen aus einer unserer Unterklassen, und hinter ihr steht ein schnurrbärtiger großer Mann von etwa 30 Jahren. Er lehnt sich ganz schön auf das Mädchen drauf. Sie ist rot im Gesicht und verschwitzt. Ich sage zu ihr: »Komm hierher, und erzähl mir mal, was heute im Unterricht los war.« Als hätte ich ihr mit diesen Worten einen Rettungsring zugeworfen, so schnell drängelt sie sich zu mir durch.

Ich suche mit den Augen meine Schwester und sehe sie mit einer Gruppe Mädchen aus ihrer Klasse lachen. In dem Moment spüre ich, wie etwas meinen Rücken berührt. Zu Tode erschrokken drehe ich mich um. Und was sehe ich! Der Mann, der zuerst hinter dem kleinen Mädchen gestanden hatte, ist jetzt hinter mir. Wie er sich anlehnt und dreckig atmet und ekelhaft riecht. »He, stoß mich nicht, Mensch«, sage ich laut. Bei dem Krach hat mich sonst niemand gehört, aber der Kerl war ganz schnell im Gedränge verschwunden. Was machen diese Männer bloß?

Als ich mit meiner Schwester zu Hause ankam, fühlten wir uns so müde, als ob wir den ganzen Weg gelaufen wären. Vater war nicht da, aber Mutter fragte gleich: »Wo bleibt ihr denn?« Wir erzählten ihr alles, und sie wurde nicht böse. Da ruft meine Schwester plötzlich: »Schau mal, Mama, was ich da am Strumpf habe, etwas Weißes, Schleimiges, wo kommt denn das her?« Meine Mutter zieht ihr den Strumpf aus, berührt das Zeug, riecht daran. Mit einem Mal wird sie puterrot und beißt sich auf die Lippen. »Verflucht«, sagt sie, und dann schreit sie uns an: »Hat euch euer Vater nicht verboten, mit dem Bus zu fahren, und ihr tut es trotzdem. Das passiert mir nicht wieder, sonst sag' ich's dem Vater. Dreckige Kerle, Irre.«

15

Wir haben eine Neue an der Schule. Sie ist älter als wir; angeblich, weil sie wegen der Vorbereitungsklasse an einer französischen Schule ein Jahr verloren hat. Sie soll sehr gut Französisch können. Ein großes, schönes Mädchen. Abends holt sie ihr Bruder mit dem Auto von der Schule ab. Im Auto sitzen auch Freunde des Bruders. Alle interessieren sich für dieses Mädchen, aber noch niemand hat ihr näherkommen können. Unsere Direktorin sagt nichts dagegen, daß sie mit dem Auto direkt vor der Schule abgeholt wird. Wie man hört, stammen die neuen Vorhänge und Lampen in der Schule von ihren Eltern.

Dann schlägt, nach viel Geflüster und Geraune, die Nachricht wie eine Bombe ein (natürlich nur unter den Schülerinnen): Jenes Mädchen, Feraye, ist kein Mädchen mehr, sie hat schon mit Männern geschlafen. Nun sucht keine mehr ihre Freundschaft. Wir begegnen ihr zwar im Unterricht, im Garten, vermeiden aber möglichst die Berührung. Sie spürt wahrscheinlich ebenso, daß es klüger ist, Abstand zu halten.

Eines Tages, als ich aus der Schule kam, hielt unmittelbar vor mir das Auto von Ferayes Bruder. Feraye saß drin – und er, dieser hübsche Junge, der jeden Tag an unserem Haus vorbeigeht. »Komm«, sagte er, »wir fahren bloß gerade mal ein Eis essen.« Noch nie zuvor war ich derart aufgeregt gewesen. Ich hielt die Autotür fest, stand erstarrt. »Los komm, wir sind gleich zurück«, sagte er. Ich mußte erst überlegen. Wenn mich jetzt die Direktorin sähe, oder wenn mein Vater von der Sache erführe, oder wenn ich nicht pünktlich zu Hause sein könnte, oder wenn diese Leute schlimme Menschen wären… In wenigen Sekunden versuchte ich, meine Gedanken zu ordnen und eine Entscheidung zu treffen.

Langsam glitt ich ins Auto, auf den Rücksitz neben »ihn«. Der Bruder des Mädchens gab Gas, daß mir vor Angst schlecht wurde. »Das ist ein Auto! Gefällt's euch? Die Mädchen sind Feuer und Flamme und brennen darauf, hier mal mitzufahren; sie nennen mich Akif, den Mustang«, sagte er lachend.

Plötzlich hatte ich genug. Ich war nicht Feuer und Flamme. Autos und Jungs mit Autos interessierten mich kein bißchen.

Oder besser gesagt: Ich wollte von den anderen nicht so eingeschätzt werden. Ich wäre sowieso kaum eingestiegen, wenn »er« nicht drin gesessen hätte. Scharf sagte ich: »Euer Auto interessiert mich nicht, von klein auf bin ich gewohnt, im Auto zu fahren. Nur wegen Feraye bin ich eingestiegen.« Sie kicherten. »Er« streckte mir die Hand hin. »Ich heiße Okyay, deinen Namen kenne ich, weil ich Akif gefragt habe«, sagte er. Ein wirklich hübscher Bursche, und wie er lacht!

Das Eis ist aufgegessen, genau vor einer halben Stunde hätte ich zu Hause sein müssen. Ich fühle mich furchtbar unter Druck! Wenn ich wenigstens noch ein Weilchen hier sitzen bleiben dürfte, wenigstens diese Freude auskosten! »Ich muß heim« zu sagen schäme ich mich, während die anderen so gar nicht an Aufbruch denken. Endlich fällt es Feraye ein: »Los, wir bringen dich.« Wir kommen an die Ecke unserer Straße. »Halt, ich steige an der Ecke aus«, will ich sagen. »Mein Vater sieht mich, schimpft, wird böse«, will ich sagen und kann es nicht sagen, weil ich mich schäme. Als Akif fragt: »Soll ich abbiegen?«, antworte ich: »Nein, ich muß noch in den Kaufladen«, und springe raus. Natürlich hat mich jemand gesehen. Jetzt bin ich auch noch im Wohnviertel verschrien.

Okyay fragt: »Soll ich dich morgen um drei hier abholen?« Er sitzt im Auto, ich stehe draußen. Mein Gott, man wird uns sehen, der Kaufmann hat uns schon gesehen. Morgen ist Samstag, und ich bin bei Nalan eingeladen. Was soll ich sagen? Alle können uns beobachten. »Morgen bin ich bei Nalan, komm um drei an die Haltestelle«, sage ich und laufe schnell heim. Womöglich habe ich mich in ihn verliebt. Jeder hat mich gesehen, aber ich kann's nicht ändern.

Noch immer habe ich Vater nicht gesagt, daß wir uns morgen alle bei Nalan versammeln. Wir sind schon vom Abendbrottisch aufgestanden, und noch immer habe ich es nicht angebracht. Meine Mutter will, daß ich selbst frage. »Ich hab's satt, immer die Fürsprecherin zu spielen«, sagt sie. Wie soll ich es bloß anstellen? Soll ich Nalan dazu bringen, mich anzurufen?

Plötzlich sagt Vater: »Ich fahre euch morgen ans Meer zum Teetrinken.« Das heißt, er ist heute guter Laune. Das macht er manchmal, steckt uns und unsere Nachbarin Gülriz Abla ins

Auto, fährt bis an den Strand, und dann bestellt er Tee, den wir, ohne auszusteigen, im Auto trinken, und dann fahren wir zurück. Eine Freundin meiner Mutter kommentiert das so: »Der gnädige Herr führt seinen Harem aus.«

»Väterchen, morgen hat Nalan uns alle eingeladen, ich möchte dorthin gehen«, sage ich. Welche Kühnheit! Aber wenn ich es nicht wage, was ist dann mit Okyay...

Er runzelt die Brauen. »Sind ihre Eltern zu Hause?« fragt er. Woher soll ich das wissen. »Natürlich«, sage ich, »sie sind immer zu Hause.« »Gut, dann bringe ich dich hin«, sagt er. Da wirft meine Schwester ein: »Ich gehe auch.« »Was willst du denn da, es sind doch gar nicht deine Freundinnen«, hätte ich fast gesagt. Doch sie schaut mich an in einer Weise, daß ich merke, sie hat ebenfalls etwas vor, aber was, das erzählt sie nicht mal mir.

Vater sagt: »Gut, ich bringe euch um zwei hin und hole euch um fünf wieder ab.« »Papa, bitte, um fünf trinken wir noch Tee, hol uns um sechs.« »Gut«, sagt er, »in Ordnung.«

Um Punkt zwei setzt uns Vater vor Nalans Tür ab. Meine Schwester will auf die Party einer Klassenkameradin, wo mit großer Wahrscheinlichkeit auch Jungen sein werden. Sie wartet eine Weile auf dem Treppenabsatz, um loszuzischen, sobald mein Vater weg ist. »Hör mal, sei bloß pünktlich! Wenn Papa kommt und du bist nicht da, sind wir geliefert«, ermahne ich sie. »Klar«, ruft sie in bester Stimmung und verschwindet.

Ich erzähle den Mädchen, daß ich mich um drei mit Okyay treffen will. Sie kennen ihn alle und mögen ihn. Für mich ist es ein Erfolg, mit ihm zu gehen. Um Punkt drei bin ich an der Haltestelle. Okyay ist schon da und sieht phantastisch aus mit seinem roten Hemd und seinen Bluejeans. Mein Herz hüpft. Wir gehen los. Wohin wohl?

Ein Wäldchen taucht vor uns auf. »Komm, hier setzen wir uns hin«, sagt er. Unter einem Baum sitzen wir im hohen Gras; niemand kann uns sehen. Er legt mir die Hand auf die Schulter. Mein Herz schlägt so laut, daß man es hören müßte, und dafür schäme ich mich. Sein Gesicht nähert sich dem meinen, seine Nase berührt meine Wange, ich spüre seinen Atem, in meinem Inneren kribbelt es. Ich halte den Kopf gesenkt, bin stocksteif und spiele mit einem Grashalm. »Was machst du denn?« fragt er. »Nichts«, sage ich. Er streichelt meine Haare. »Was für schöne Haare du hast, so weich, und sie riechen so gut.« Er küßt, küßt meine Haare. Ich rühre mich nicht, immer noch mit gesenktem Kopf. Mein Gott, wie wird das weitergehen?

Ich fühle seine Lippen an einer Ecke meines Mundes. Es ist, als ob ich brenne. Das hält mein Herz nicht aus, es wird herausspringen, ich werde in Ohnmacht fallen.

»Schau mich an«, sagt er. Ich hebe den Kopf und schaue ihn an, da berührt sein Mund meinen Mund und berührt... berührt... berührt...

Vielleicht eine Stunde vergeht so, vielleicht ein Tag. Wahrscheinlich werde ich nie wieder so wunderbare Augenblicke erleben. Ich bin am Ersticken, aber ich kann nicht fliehen. Erst meine Unterlippe, dann meine Oberlippe, dann den ganzen Mund. Wenn das Sich-Lieben ist, wie großartig! Wir küssen uns immer weiter, bis mit einem Mal seine Hand von meiner Schulter abwärts gleitet. Ich erwache, stoße ihn hart zurück: »Das geht nicht!« Er hält wieder mein Gesicht, küßt und küßt, und auch ich küsse ihn.

Es ist nach fünf. »Ich muß gehen, schnell, steh auf.« »Treffen wir uns morgen wieder?« »Morgen nicht. Mein Vater will uns ausführen. Wochentags kannst du vor die Schule kommen. Los, steh auf jetzt.«

Als ich atemlos bei Nalan ankomme, ist mein Vater noch nicht da. »Erzähl doch, was war denn los?« sagen die Mädchen.

Meine Lippen, mein Kinn, mein Gesicht sind knallrot. Erst pudere ich mich mit dem Puder von Nalans Mutter ein, dann erzähle ich: »Zuerst hat er seine Lippen auf meine Lippen gelegt, dann hat er so, mit offenem Mund, meine Oberlippe geküßt, dann die untere...«

Sie schauen dumm, keine von ihnen hat je so eine Lust erlebt, und es fehlt ihnen auch der Mut dazu. Einerseits läuft ihnen das Wasser im Mund zusammen, andererseits verurteilen sie mich, das weiß ich. Um fünf vor sechs kommt meine Schwester.

Als um zehn nach sechs unser Vater erscheint, steige ich fröhlich ins Auto und spreche einen Satz aus, den ich noch nie im Leben gesagt habe: »Vielen Dank, Väterchen.« »Für diesen Monat ist aber Schluß, kapiert? Solche engen Freundschaften gefallen mir nicht«, sagt er.

Schon recht, dann eben nicht. Ich denke an unsere Küsserei und bebe vor Freude.

16

Meine Mutter ist zum Damenkränzchen gegangen. Es ist sehr heiß. Ich habe genau sechs schlechte Noten im Zeugnis. Mathe, Physik, Chemie, Musik, Biologie, Geschichte. Gott sei Dank ist mein Vater deswegen überhaupt nicht böse. Er behandelt mich und meine Schwester ganz gleich, obwohl ich jedes Jahr zur Nachprüfung antreten muß und sie nicht. Ihr kauft er die versprochenen Geschenke ebensowenig (immer gibt es Ausreden), wie er mir zürnt. Ich könnte sogar sitzenbleiben, glaube ich. Er wurde bloß wütend, als wir eines Tages von der Universität redeten. »Halt mal, dazu ist es noch viel zu früh. Und ihr seid Mädchen.« Er drehte sich zu meiner Mutter um und zog das Gesicht in Falten. »Das ist sowieso umsonst«, sagte er. Ich verstand nicht, was umsonst sein sollte.

Also, Mutter ist beim Damenkränzchen; es ist sehr heiß. Zum Lernen hatte ich keine Lust, ich habe mich geduscht. Gülriz Abla ist bei uns. Sobald Mutter weg war, kam sie, um mit Vater zu reden. Zu Vater sagt sie: »Schwager«; sie ist die Freundin meiner Mutter und wohnt uns gegenüber. Zwar ist sie viel jünger als Mutter, aber doch schon etwa 30.

Gülriz Abla hat sehr schöne weiche Lockenwickler aus Plastik, die will ich von ihr ausbitten, um meine Haare einzudrehen. Ich bin im Bademantel. Ganz vorsichtig, damit mein Vater mich nicht sieht, strecke ich den Kopf zur Wohnzimmertür hinein und rufe: »Gülriz Abla.« Keine Antwort. Vielleicht sind sie auf der Terrasse, ich gehe weiter. »Gülriz Abla«, da sind sie auch nicht. Ich rufe, jetzt schon ziemlich laut, und plötzlich hört man im Eßzimmer ein Gepolter. Jetzt erst bemerke ich, daß die Eßzimmertür geschlossen ist. Die Tür geht auf, drinnen sind auch die Vorhänge geschlossen. Gülriz Abla kommt mit zerzausten Haaren heraus. Die Bluse ist aus dem Rock gerutscht und nach hinten zu einem unordentlichen Knoten zusammengedreht. Mein Vater ist auch drinnen. »Was gibt's, Liebling?« sagt sie. In dem Moment verstehe ich alles, mir wird schwarz vor Augen, und eine Welt bricht für mich zusammen.

Die Herzensfreundin meiner Mutter, Gülriz Abla, die wir überall mit hinnehmen, die mit uns ißt und trinkt... und meine Mutter beim Damenkränzchen... und mein Vater..., der seiner Frau das Leben schwermacht mit seinen Verboten, der kann sich überall und jederzeit frei vergnügen!

Gülriz Abla stand vor mir wie ein kleiner Käfer. Ich befahl ihr: »Geh und bring mir die Plastiklockenwickler!« Sie brachte sie. »Soll ich dir die Haare aufwickeln?« fragte sie kriecherisch.

»Nein, geh zu meinem Vater«, bestimmte ich. Sie ging.

Ich kann mein Zimmer nicht verlassen, ich kann nicht mit ihnen zusammensitzen!

Endlich kehrte meine Mutter heim. Ich kam heraus. Mein Vater bat mich mit nettester Miene um ein Glas Wasser. »Ich bringe es nicht, schick doch Gülriz Abla«, antwortete ich und schaute die beiden mit einem schrecklichen Blick an. Ehe meine Mutter: »Was ist denn mit dir los, Mädchen?« sagen konnte, hatte Gülriz Abla das Wasser schon gebracht.

»Ich gehe zu Berrin«, sagte ich und ging einfach. Mein Vater schaute mir sprachlos nach.

Wochenlang behandele ich Gülriz Abla sehr schlecht. Im Auto hatte sie bei unseren Spazierfahrten sonst immer vorne gesessen; da sitze jetzt ganz einfach ich, und Schluß. Im Kino in der Loge war mein Platz bisher neben meiner Mutter und meiner Schwester vorne gewesen; nun setze ich mich in die hintere Reihe neben meinen Vater und Gülriz Abla und beobachte die beiden. Und einmal habe ich die Hand meines Vaters auf ihrem Knie erwischt. Meine Mutter hat nicht die leiseste Ahnung. Mit ihren kurzsichtigen Augen verfolgt sie gespannt den Film. Jetzt kann ich nachts nicht mehr schlafen. Was soll ich machen? Soll ich Mutter das Geheimnis eröffnen? Wie können die beiden das bloß tun? Zu meinem Vater sagt sie »Schwager«, meine Mutter mag sie sehr. Wie bringt mein Vater das bloß fertig? Ich weine jede Nacht. Sie sind meine größten Feinde.

Nachdem ich lange, lange über meine Mutter nachgedacht habe, beschließe ich, es ihr nicht zu sagen, wenigstens in nächster Zeit nicht. Was käme denn dabei auch heraus? Ich glaube nicht, daß meine Mutter meinen Vater liebt, sie reden kaum miteinander, haben sich nichts zu sagen. Aber wenn sie das nun wüßte, wäre sie richtig unglücklich, und sie könnte nicht fortgehen; sie hätte keinen Platz, wo sie hingehen könnte (ihre Mutter ist eine unerträgliche Frau); sie kann nicht arbeiten gehen, denn sie hat keinen Beruf.

Wenn sie weggehen könnte, würde ich ihr alles erzählen, aber so...

17

Nilay, die Tochter von Tante Nermin, einer Freundin meiner Mutter, ist an unsere Schule gekommen, sogar in meine Klasse. Mit Nilay habe ich viel Spaß, wir verstehen uns gut. Neulich hat sie mir, in einem Bleistiftspitzer versteckt, einen winzigen Spickzettel zugeschoben, – alle Achtung! Die anderen Mädchen fielen, als wären sie an der Aktion beteiligt, vor Aufregung fast in Ohnmacht.

Nilays Vater ist schlimmer als meiner und außerdem viel jünger. Kürzlich hat er Nilay mit dem Stock geschlagen, weil sie zu spät nach Hause kam. Meiner haut wenigstens nicht. Einmal, das vergesse ich nie, hatte auch er die Hand erhoben, als ich etwa 12 Jahre alt war. Ich erwischte ihn beim Handgelenk und starrte ihn so wild an (das erzählt meine Mutter), daß er nicht zuschlagen konnte und die Hand sinken ließ. Meine Mutter sagte: »Man kriegt ja Angst vor dir, was war denn das für ein Blick?« Wäre meine Schwester an meiner Stelle gewesen, hätte er sie verprügelt, sagt Mutter. Da ich seine Erstgeborene sei und ihm leider sehr ähnlich, hätte er mich sehr lieb. Von wegen lieb, ein liebender Vater streichelt einen doch mal, nimmt einen auf den Schoß, sagt einem ein gutes Wort. Auch dies vergesse ich nie, daß er, als ich 10 Jahre alt war, einmal: »Kleines, bring mir mal die Zeitung« gesagt hat. Und wie ich mich gefreut habe, daß er »Kleines« sagte, wie es mich berührt hat.

Unser neuester Platz ist die Landungsbrücke. Die Jungen setzen sich zu beiden Seiten aufs Geländer, und wir spazieren dazwischen auf und ab. Natürlich geschmückt und aufgeputzt. Aber ich sehe nicht ein, warum ich mich herausputzen soll, etwa wie in alter Zeit auf dem Sklavenmarkt...

Neulich war ich mit Mutter bei den Nilays, da haben sie uns zum Garn-Kaufen um die Ecke geschickt. Wir sind mit dem Garn ganz schnell noch bis zur Anlegestelle gelaufen. Da saßen Erhan und Nilays Akif und etwas weiter vorne Nejat, der Schwarm meiner Schwester. Schnell, schnell sind wir runtergelaufen mit der Absicht, dann langsam zurückzugehen und ein paar Worte mit ihnen zu wechseln. Aber was sehen wir da? Kommen da nicht mein Vater und der von Nilay, Onkel Dursun, mit flammenden Gesichtern die Gasse herab? Könnten wir doch in der Erde versinken! Was werden diese Männer jetzt mit uns machen? Wir gehen ganz schnell, um wenigstens nicht vor den Jungen mit ihnen zusammenzutreffen. Wir erreichen sie. Ihre Gesichter sind eine Katastrophe, man darf gar nicht hinschauen.

Was für ein Verbrechen begehen wir denn? Und wenn sie uns schlagen, und wenn sie losbrüllen, wie können wir dann je wieder unter die Menschen treten? Nilays Vater hat die Faust geballt und erhoben. Mein Vater sagt: »Halt, Dursun, laß, zu Hause sehen wir weiter.« Sie nehmen uns in die Mitte, und wir gehen heim. Ich glaube, ich werde mich im Leben nie mehr so schämen.

Nilay bekam, kaum daß sie im Haus war, zwei Ohrfeigen. Mein Vater schubste mich. »Laß dich nie wieder bei dieser Hundemeute sehen«, sagte er.

Nilay wurde von ihrem Vater ins Zimmer eingesperrt, und als ihre Mutter das verhindern wollte, wurde auch sie mit der Hand weggestoßen. Meine Mutter gab keinen Mucks von sich. Wir standen auf und gingen nach Hause.

Nilay ließ in dieser Nacht Akif durchs Fenster ins Zimmer. Sie schliefen miteinander.

»Meinem Vater zum Trotz hätte ich sowieso schon längst alles gemacht, ich fürchtete mich bloß vor dem Schmerz«, sagte sie. Aber nun haben sie miteinander geschlafen.

Ich habe Okyay längst vergessen. Jetzt ist die Reihe an Erhan.

18

Der Vater von Nilay ist gestorben.

Neulich erst hatte er sie mit einem großen Stock geschlagen und mitten in der Nacht im Nachthemd auf die Straße gejagt.

»Ich dulde in meinem Haus keine Hure«, hatte er geschrien. Die Mutter, die dazwischenzugehen versuchte, bekam ebenfalls einen Schlag ab. Nachts um elf stand Nilay im Nachthemd vor unserer Tür. Sie war mit dem Taxi gekommen und bat meinen Vater weinend: »Onkel, kannst du das Taxi bezahlen, ich geb' das Geld später zurück.« Nilays Schuld war, daß sie auf dem Rückweg vom Kaufmann an der Straßenecke mit einem Jungen aus dem Wohnviertel gesprochen hatte. Wirklich, das war der Grund, weshalb Nilay mit einem Stock geschlagen und aus dem Haus geworfen wurde.

Sogar mein Vater wurde böse und schimpfte auf Onkel Dursun.

»Nilay«, sagte ich, »an dem Mann mußt du dich rächen. Niemand hat das Recht, einen anderen Menschen wie ein Tier zu behandeln. Du bist nicht sein Eigentum, räche dich!« »Allah soll ihn richten«, sagte Nilay, deren Körper angeschwollen und verwundet war. »Sogar meine Mutter hat er meinetwegen geschlagen«, sagte sie und fing an zu weinen. »Schlägt er deine Mutter öfter?« fragte ich. Nilay bedeckte ihr Gesicht. Sie schämte sich sichtlich, daß ihre Mutter geschlagen wurde. »Er schlägt, aber nicht immer, nur wenn sie später nach Hause kommt.« Und so ein Mann ist Ingenieur! So ein Mensch hat studiert.

Mir fällt unsere Putzfrau ein. Ständig erscheint sie mit einem blauen Auge, und wenn man fragt, was los sei, sagt sie, ohne sich zu schämen, sogar lachend: »Der meinige hat mir eine runtergehauen.«

Sie schlagen, prügeln, zerstören. Und wir Frauen können nichts dagegen tun.

Ich denke daran, wie meine Mutter jedesmal, wenn sie irgendwo hingeht, Blut und Wasser schwitzt, um ja pünktlich nach Hause zukommen. Und wie sie den Vater anbetteln und beknien muß, wenn sie sich etwas zum Anziehen kaufen will. Mein Vater prügelt nicht, gut. Aber sein Gesichtsausdruck ist schlimmer als Schläge. Wir sind alle seine Sklavinnen. Er hat das Geld.

»Nilay, du mußt dich von diesem Mann befreien«, sagte ich. Sie schaute mich mit nassen Augen an. Ihr ganzer Körper war geschwollen. Ihre einzige Schuld bestand darin, ein Verbot dieses Mannes übertreten zu haben.

Und dieser Mann ist jetzt gestorben, und zwar nachts im Bett, nachdem er ein paarmal geröchelt hatte. Auf die Nachricht lief ich sofort hin. Nilay war benommen und weinte. Ich führte sie in den Park, wo wir uns auf eine Bank mit Blick zum Meer setzten. Nun weinte sie nicht mehr, sie war nur noch benommen. Mit seinen 45 Jahren war ihr Vater noch zu jung zum Sterben. Ständig hatte er »ich bin krank« gesagt, aber niemand hatte das ernst genommen. Und dann war sein Herz plötzlich stehengeblieben.

Ich dachte daran, wie wir in der Nacht, als er Nilay geschlagen hatte, »Allah soll ihn richten« gesagt hatten. Nilay und ihre Mutter sind gerettet.

19

Günseli hatte erzählt, daß am Wochenende eine Heiratsvermittlerin zu ihnen käme. Wir hatten das nicht weiter wichtig genommen, aber als sie am Montag in die Schule kam, war die Sache praktisch perfekt. Der Mann soll sehr reich sein, gut aussehen, sogar ein Auto haben, also toll sein. Günseli und Heirat, unvorstellbar. Zum ersten Mal heiratet eine aus unserem Freundeskreis. Heiratet und ist gerettet. Wirklich?

Und wenn mich nicht alles täuscht, ist auch Fügen dabei zu heiraten. Auch der ihre soll wohlhabend sein, etwas älter, aber egal, ein guter Mensch. Unsere Fügen hat wirklich viel mitgemacht. Nach Atıfs Verschwinden und der Abtreibung wollte sie sich zuerst umbringen, was zum Glück mißlang. Danach war sie in unserer Mitte derart bedrückt und unglücklich, daß selbst wir eine Heirat für richtig halten. Nur hat Fügen das große Problem, wie sie dem Mann erklären soll, daß sie nicht mehr Jungfrau ist. Wir beratschlagten lange, was zu tun sei. Offen sprechen könne sie mit dem Mann, der recht konservativ sei, nicht. Gül hatte eine Bombenidee: »Heirate in der Zeit, wo du deine Regel hast.« Aber wenn der Mann dann das Blut schon vorher sähe? Oder wenn es nicht genau auf den Tag käme? Und ob in der Brautnacht nicht eine größere Menge Blut kommen müßte als bei der Regelblutung, oder gerade umgekehrt, und wenn der Mann das nun genau wüßte?

Endlich schlug der Bruder von Feraye eine Lösung vor: Man könnte das Jungfernhäutchen nähen lassen.

Wieder gingen wir zum Arzt, wieder verschwand Fügen in einem Behandlungszimmer. Als sie schließlich herauskam, sagte der Arzt: »Nicht laufen, keine Gymnastik machen, nicht schwer heben, aufpassen. Aber sei ohne Sorge, es geht alles in Ordnung.«

Fügen macht kleine, enge Schritte.

Fügen hat geheiratet, und ihr Mann hat nichts gemerkt.

Wir sind alle bei Günseli zum Tee eingeladen; wir haben uns lange genug nicht mehr gesehen. Auch Fügen ist gekommen.

Alle warteten wir gespannt darauf, daß *das* Thema eröffnet würde, aber die beiden schwiegen beharrlich. Sie hatten sich so verändert. Ihre Frisuren, Kleider, ihre Sprechweise, Gesten, alles war anders. Sie glichen irgendwie unseren Müttern. Schließlich hielt ich es nicht mehr aus und sagte: »Los, erzählt schon, ihr laßt uns ja vor Neugier platzen, seid doch nicht so verkrampft.« »Was soll man erzählen?« sagten sie. Alle kicherten. »Na, wie ihr miteinander schlaft«, sagte ich, »wie das geht, was da los ist, was ihr fühlt.«

Günseli sagte: »Da gibt's nichts zu erzählen.«

Aber Fügen knallte plötzlich ihren Kuchenteller auf den Tisch und explodierte: »Sollen sie's doch erfahren, erzähl! Es geht nicht zu wie in den Romanen, also nicht so lange, stundenlang, und dann im gleichen Augenblick und mit höchster Lust, so nicht, überhaupt nicht.«

»Ja, wie denn, lieber Gott, wie dann?«

»In zwei Minuten, genau zwei Minuten ist im Bett alles vorbei.«

Günseli: »Nein, meine Liebe, jetzt nicht mal mehr zwei Minuten.«

Fügen: »Sie glauben, wir haben keine Ahnung. Sie sind die Größten und Stärksten, sie reichen uns fürs Leben, sie versorgen uns ein Leben lang. Wir aber schlucken alles. Ach Kinder, ich habe Kopfweh, mir zittern die Hände.«

Fügen weint.

20

Ich bin wahnsinnig verliebt in Erhan. Das traue ich mich jetzt zu sagen, denn wir gehen seit sechs Monaten miteinander. Wir küssen uns, aber so wie die Küsserei mit Okyay ist es nicht. Nilay sagt: »Weil das der erste war, drum!« Neulich haben meine Schwester und ich uns heimlich Badeanzüge unters Kleid gezogen und sind statt in den Mathematikkurs an den Strand gegangen. Einen ganzen Tag lang. Oh, wie war das schön! Nejat, meine Schwester, ich, Erhan. Als ich zum Anziehen in die Kabine ging, kam Erhan hinterher und umarmte mich fest. Wir küßten uns. Er berührte mich überall, überall... Mir schwindelte. Ich glaubte, ohnmächtig zu werden. Erhan zitterte, stöhnte, dann drehte er sich um und lief ganz schnell zum Meer hinunter. Ich blieb wie erstarrt stehen, ohne zu kapieren, was los war, was mit mir los war. Ein seltsames, unangenehmes Gefühl blieb.

Als wir heimkamen, empfing uns Mutter mit einem Schrei. »Lieber Gott, ich hab's ja geahnt!« Das Gesicht meiner Schwester glich einer Tomate, und als ich in den Spiegel guckte, sah meins genauso aus. Ich versuchte zu lügen: »Mama, wir haben bei einer Freundin auf dem Balkon gelernt«, aber sie sprang mich an wie eine Tigerin und leckte an meiner Wange. »Sei bloß still, du Strafe Gottes. Ihr habt wohl auf dem Balkon ein Salzbad genommen.«

Am Abend ließen wir uns bei Vater nicht blicken. Meine Schwester wurde krank. Gegen den Sonnenbrand schmierten wir sie mit Joghurt ein.

In dieser Nacht ging ich früh zu Bett und träumte davon, daß Erhan und ich nackt nebeneinander lägen und unsere Körper sich berührten.

21

In der letzten Klasse des Gymnasiums verlor ich wegen der schlechten Noten in zwei Fächern ein Jahr. Mit Ach und Krach, mit Sonderkursen und Nachhilfestunden schaffte ich den Schulabschluß. Dann kam die Aufnahmeprüfung zur Universität, die ich zusammen mit meiner Schwester machen wollte.

Mein Vater sagte: »Halt, wozu ist das denn nötig, morgen heiratet ihr doch, und ihr habt mir umsonst zu schaffen gemacht.«

»Papa, wir wollen nicht heiraten, sondern arbeiten.«

»Was heißt hier arbeiten? Das will ich von euch nicht noch mal hören, in meinem Haus hat keiner zu arbeiten! Und dem Kerl, der euch zur Arbeit schickt, dem zeig' ich's. Meinetwegen darf deine Schwester hingehen, aber du mit deiner Faulheit wirst die Prüfungen schwerlich bestehen.«

»Papa, wenn ich schon nicht bestehen kann, dann laß es mich wenigstens versuchen, bitte, Papa.«

Nein, Vater erlaubte es nicht. Als Fürsprecher traten außer unserer Mutter noch die Nachbarn und die Verwandten in Aktion. Nein. Es war nichts zu machen. Wir hatten aber die Anmeldeformulare ausgefüllt und losgeschickt. Dann kamen unsere Zulassungskarten. Natürlich wird er am Prüfungstag zu Hause sein und uns nicht fortlassen. Die Träume von Freiheit, Geldverdienen, Vergnügen lösten sich langsam auf.

Eines Tages, ohne daß ich das vorher so geplant hätte, überkam es mich plötzlich, und ich baute mich vor ihm auf: »Vater, da sind unsere Karten. Du kannst uns hier zu Hause ja nicht in Ketten legen. Wir gehen in die Prüfung, und wenn du es nicht erlaubst, haue ich einfach ab, daß du es weißt.«

Alle waren schockiert. Meine Mutter wurde kreidebleich. Vater fing an zu lachen. War der Mann verrückt geworden? »Na gut, dann mal zu. Aber ihr werdet sehen, daß ihr nicht besteht, und wenn, dann werdet ihr nie bis zum Abschluß studieren.«

»Das werden wir sehen«, sagte ich.

Völlig grundlos hatten wir uns die ganze Zeit quälen lassen. Dabei kann der Mensch, wenn er einen festen Willen hat, Berge versetzen. Hatten wir uns vielleicht alle die Jahre ganz umsonst gefürchtet vor diesem Mann?

22

Erhans Eltern sind in Urlaub gefahren. »Gehen wir zu uns«, sagt er. Ich bin nicht dagegen. Jetzt kenne ich Erhan schon lange; er ist so süß, so gut. Vielleicht bleibe ich für immer mit ihm zusammen. Einen anderen Mann kann ich mir gar nicht vorstellen. In der Wohnung seiner Familie schaue ich vor lauter Verlegenheit aus dem Fenster. Er beugt sich herab, um meinen Nacken zu küssen. »Ich mach' dir einen Drink«, sagt er. »He, bist du verrückt, was soll das, ich trinke nicht.« »Das entspannt«, sagt er. Ach so, der Kerl hat Erfahrung, bringt wohl ständig Mädchen mit nach Hause, denen er Drinks anbietet. Meine Laune schwindet, ich fühle mich ungemütlich. »Komm, laß uns Iskambil spielen.« Das ist besser als Alkohol. Wir spielen ein paar Runden, die Zeit vergeht, mir wird es langweilig. Warum sind wir denn hergekommen? Später drängt er sich an mich, umarmt mich, küßt mich. Wir küssen uns.

»Genug jetzt«, sagt er, »ich bin ein erwachsener Mann, und du bist auch groß genug. Außer Küssen gibt es noch andere Sachen, weißt du.« Dabei macht er mir den Reißverschluß vom Rock auf und fängt auch selbst an, sich auszuziehen. Ich versuche, mich irgendwie zu bedecken, aber er schämt sich nicht, so nackt vor mir zu stehen. Ich zittere wie eine nasse Straßenkatze, will es ihn aber nicht merken lassen. Er beugt sich nieder und will mich hochheben, wobei er sagt: »Keine Angst, es passiert nichts.« In dieser Sekunde muß ich an Fügen denken und an all die anderen, die, nur weil die Männer es wollten, nur um diese zufriedenzustellen, Schmerzen ertrugen, Dinge mitmachten, an denen sie selbst keinerlei Spaß hatten. Ich weiß, wenn ein Mädchen heiratet, muß sie Jungfrau sein; wenn nicht, geht es ihr schlecht. Nur so kann sie ihrem Besitzer beweisen, daß sie noch unberührt, ja unbenutzt ist. Jeder Mann will der erste sein, der erste und einzige, nur ihn sollen sie kennen, keinen anderen, denn er will als der Beste gelten. *Sie* müssen Spaß haben, nicht *wir*. Wir müssen ihnen Lust verschaffen und werden selbst dabei abgestempelt, gestoßen und geschlagen.

Ich hebe meinen Rock vom Boden auf und ziehe mich schnell an. »Entschuldige, entschuldige bitte«, sage ich, als ich die Wohnung fluchtartig verlasse. Wenn ich mit ihm geschlafen hätte, was hätte ich gefühlt? Hätte es mir Spaß gemacht, hätte ich mich geschämt?

Was wäre das Richtige gewesen?

Als ich nach Hause komme, kann ich meiner Mutter nicht ins Gesicht blicken. Ich habe mich ausgezogen und einen nackten Mann gesehen. Ich schäme mich wahnsinnig. (Weshalb schämst du dich eigentlich, du bist doch erwachsen, in deinem Alter haben andere schon Kinder?) Könnte ich mich doch meiner Mutter in die Arme werfen und ihr alles erzählen, mich mit ihr beraten und sie fragen, was ich tun soll. Doch meine Mutter ruft wütend: »Wo bleibst du denn?« Und ich knalle die Tür zu und verkrieche mich in meinem Zimmer. Was soll ich bloß tun? Wen kann ich fragen?

23

»Juchuh! Klasse!!! Mama, wir haben bestanden. Schau in die Zeitung. Wir haben beide die Uniprüfung bestanden und noch dazu die gewünschten Studienplätze bekommen.«

Vater fragt: »Was ist los?«

»Wir haben bestanden, Papa, bestanden!« Er steht einen Augenblick wie erstarrt, und mir kommt es vor, als freute er sich über den Erfolg. Aber als Mann darf er das natürlich nicht zugeben. Trotzdem entschlüpft ihm noch das Wörtchen »Bravo«. Aber dann besinnt er sich, als hätte er einen großen Fehler begangen, und sagt: »Deine Schwester schafft es vielleicht, aber du kommst auf keinen Fall zum Examen, und wenn, dann zeig' ich's dir.« »Du wirst es sehen«, sage ich, »ich studiere zu Ende. Ich muß es schaffen.«

Ich gehe mit meiner Schwester zusammen zur Universität, wie spannend! Und mit den Jungen gemeinsam zu studieren ist schon ein komisches Gefühl. Ich muß mich anstrengen. Die Klassen sind voll. Hier kann man nicht wie am Gymnasium rumalbern, schummeln, die Lehrer aufziehen, man muß dauernd mitschreiben. Ich fehle nie und schreibe so schnell mit, daß alle von mir die Notizen erbitten, um ihre Lücken auszufüllen. Unsere Professorin ist eine alte Dame, die ständig mir bisher unbekannte Wörter benutzt, auch arabische und französische Fremdwörter. Und häufig hält sie unserer Klasse eine Standpauke, daß uns Hören und Sehen vergeht.

Auch Erhan hat angefangen zu studieren, aber an einer anderen Fakultät, die in einem ganz anderen Stadtteil liegt. Jetzt gehe ich seit Jahren mit Erhan, sogar meine Mutter weiß es, und abends gehen wir manchmal sogar alle miteinander ins Kino.

Sagt doch Erhan eines Tages zu mir: »Ich möchte nun endlich mal mit einer Frau zusammen sein.« Im ersten Moment verstand ich nicht (bin ich denn etwa keine Frau?), aber dann war es mir klar: Ich bin keine Frau, sondern ein Mädchen. Normalerweise nennt man ja die Verheirateten »Frau«, aber es gibt auch welche, die die Bezeichnung schon als Unverheiratete erwerben. Innerhalb der Familie gelten sie zwar als junge Mädchen, aber im Kreis der Kameraden erwähnt man sie mit Scheu und Abscheu als »Frauen«. Alle männlichen Wesen sind hinter so einer her, mit dem einzigen Ziel, sie zu »haben«, und hinterher erzählen sie es dann überall herum. Die jungen Mädchen dagegen können sich auf nichts als ihre Jugend und ihre Jungfräulichkeit berufen. Mag sein, daß ihr Körper überall berührt wurde und an allen Stellen mit dem männlichen Körper in Kontakt kam. Wenn nur das Jungfernhäutchen noch unversehrt ist! Denn dies muß für den Ehemann aufgespart werden, der darauf ein Anrecht hat. Nicht etwa der Geliebte.

»Du bist aber doch mit mir zusammen«, flüsterte ich.

»Das ist etwas anderes. Ein Mann braucht das.«

»Aber du liebst mich.«

»Genau. Doch um das geht es hier nicht. Schau, ich sag' es dir ehrlich, du mußt nicht eifersüchtig sein. Das sind ordinäre Frauen, ich habe ja keine weitere Beziehung zu ihnen.«

Ich stelle mir vor, ich würde mich an einen völlig unbekannten Mann heranmachen, mich vor ihm auf den Rücken legen und sagen: Komm, ich brauche dich, machen wir's. Und danach dreht man sich um und geht.

Und ich komme nicht drauf, was da der Unterschied ist; weshalb *er* das einfach machen kann und *ich* nicht. Warum beharren wir darauf, daß es Liebe sein muß, und sie wollen nur *Liebe machen*. Ich habe versucht, mir vorzustellen, wie er es mit einer völlig unbekannten Frau treibt und sich dann nach fünf Minuten abwendet und weggeht. Wie ein Tier.

24

Meine Schwester ist ein Beispiel dafür, daß etwas Verbotenes nur um so erstrebenswerter und wichtiger wird, je unerreichbarer es erscheint. Sie liebte Nejat seit ihrer Schulzeit und wollte sich mit ihm verloben, aber Vater sagte: »Nein. Ich werde doch meine Tochter nicht mit einem herumstrolchenden Schüler verloben.« Meine Schwester wurde krank. Sie hatte sich nun mal Nejat in den Kopf gesetzt. Sie wurde dünn wie ein Faden, und meine Mutter weinte jede Nacht an ihrem Bett. Mein Vater blieb bei seinem Nein, und meine Schwester liebte Nejat nur um so mehr. Zuletzt sagte der Arzt, ein wirklich gescheiter Doktor: »Laßt dem Mädchen seinen Willen, dann wird sie nicht nur gesund werden, sondern die ganze Sache wird auch ein Ende haben.«

So verlobten sie meine Schwester mit Nejat.

Vier Monate später entlobte sie sich wieder, trennte sich von Nejat und fand das ganze »idiotisch« und eine »Kinderei«.

Jetzt liebt meine Schwester einen Theaterschauspieler. Der Mann ist viel älter als sie und lehrt an unserer Fakultät. Die beiden sind einander verfallen.

In der Volksschule wollte ich zu den Pfadfindern, aber mein Vater erlaubte es nicht. Später wollte ich Ballerina werden, und beide Eltern sagten: »Du bist wohl verrückt geworden.« Als ich schließlich in der Mittelstufe zum Theater wollte, runzelte Vater die Stirn: »Mußt du denn jeden Irrsinn mitmachen? Jetzt ist Schluß, sonst nehme ich dich bei Gott noch von der Schule und sperre dich im Haus ein.«

Und jetzt hat meine Schwester einen, nach Vaters Ansicht, Irren geheiratet. Wir sind schließlich erwachsen. Er kann sich dagegen stemmen, wie er will, er kann uns nicht aufhalten, denn wir werden immer größer, er dagegen wird langsam alt. Ach, dieser Theatermensch, er ist so gebildet, witzig, nett! Er ist zwar fünfzehn Jahre älter als meine Schwester, aber sie lieben sich wahnsinnig. Sie haben eine Hochzeitsreise gemacht. Wenn sie glücklich ist, bin ich es auch.

Meine Schwester hat einen Sohn geboren. Meine Schwester ist sehr glücklich.

Neulich war ich bei ihr. Sie öffnete mit zerwühlten Haaren, weinend. Außerdem ist sie ganz schön dick und wieder schwanger. Der Schauspieler will, daß sie auch dieses zweite Kind zur Welt bringt, »damit es gleich in einem Aufwasch geht«. Der Schauspieler war seit dem Vorabend ausgeblieben. Er kam zwar jeden Abend spät nach Hause, aber dieses Mal kam er überhaupt nicht, und meine Schwester war außer sich.

»Los, wir gehen zu uns. Du besuchst Mutter mal wieder und hast eine Abwechslung.«

»Nein, Mutter soll mich nicht so traurig sehen.«

»Was bist du denn traurig? Der Kerl ist irgendwo hängengeblieben; dem ist nichts passiert.«

»Ja, irgendwo hängengeblieben... Jede Nacht geht das so. Und ich soll nicht mitkommen, denn Schauspieler seien schmutzige Leute, zu denen ich nicht paßte, sagt er. Aber bis jetzt ist er wenigstens jede Nacht zurückgekommen und hat mich mit seinem nach Alkohol stinkenden Mund geküßt.«

Es klingelt Sturm. Der Theatermensch schwankt herein, umarmt meine Schwester. »Meine kleine Süße, du hast dir hoffentlich keine Sorgen gemacht. Der Bürgermeister kam in die Aufführung, und es hat ihm sehr gefallen. Um das zu feiern, sind wir irgendwo einen trinken gegangen, und bei Meloş bin ich dann versackt.«

Meine Schwester stößt ihn von sich. »Ich hab' dich nichts gefragt«, sagt sie.

»Weiß ich doch, weiß ich, meine kleine Süße fragt nicht.« Er schlingt sich um ihren Hals und bleibt da hängen. Das ganze Zimmer stinkt nach Alkohol. Er legt die Hand auf ihren Bauch. »Wie geht's denn unserem Söhnchen?«

Dieser aufgedunsene Sack, ist das der nette, kultivierte Mann, der er vor der Hochzeit war? Und ist das meine fröhliche, sorglose Schwester, dick geworden, mit zerrauften Haaren und einem Gesicht, blaß wie ein Teig?

Der Schauspieler wendet sich an mich: »Na, Schwägerin, du liebst doch das Theater. Hättest uns gestern mal sehen sollen!«

»Scheißkerl, dein Theater soll verrecken. Schau dir bloß mal an, was aus meiner Schwester geworden ist«, sage ich und laufe zur Tür. Zuerst versteht er nicht und murmelt: »Was ist denn mit deiner Schwester?« Aber dann setzt er mir nach: »Dreckige Hexe, so was lass' ich mir von keiner Frau sagen!«

»Dann bereite dich vor, daß du es in Zukunft noch öfter hören wirst«, sage ich schnell und mache, daß ich rauskomme.

Vielleicht hätte ich mich nicht einmischen sollen. Nun hat es meine Schwester nur noch schwerer.

Meine Schwester hat inzwischen auch das zweite Kind geboren. Jetzt ist das Kleine sechs Monate und das Erstgeborene zweieinhalb Jahre alt. Meine Schwester hat 15 Kilo Übergewicht. Ihr schönes Gesicht verschwindet zwischen Doppelkinn und Wangen. Sie trägt weite Kleider. Ich ging hin, weil mein Schwager, der Schauspieler, mal wieder nicht da war. Er kam spät, fiel ins Bett, und jetzt hört man ihn schnarchen wie Donnergrollen.

Meine Schwester ist mit den zwei Kindern sehr glücklich. Sie möchte eine gute Mutter sein. Als ich ging, bügelte sie ihrem Mann die Hemden, nachdem die Kinder endlich im Bett lagen.

»Nimm doch eine Hilfe«, sagte ich.

»Alle vierzehn Tage kommt die Zugehfrau; mehr können wir uns nicht leisten«, antwortete sie.

»Weshalb schaust du denn nicht ab und zu an der Fakultät vorbei, um die alten Freunde zu treffen. Das wäre eine Abwechslung«, schlug ich vor.

»In diesem Zustand...« Außerdem würde es der Schauspieler nicht erlauben. »Dein Platz ist dein Heim; was suchst du bei diesen fremden Hunden«, findet er. Und sie gibt ihm darin recht, weil sie doch jetzt eine verheiratete Frau sei.

»Was heißt das? Ändert sich denn die Welt für den Menschen, wenn er heiratet? Seine Vorlieben, sein Geschmack, sein Lebensstil, bleiben die nicht gleich? Hör auf, dem Kerl seine dreckigen Unterhosen zu waschen, seine Hemden zu bügeln. Komm raus, nimm ein paar Kilo ab, besuche deine Freunde.«

Plötzlich fällt mir ein Satz ein, den der Schauspieler mal vor

Jahren, noch in seiner liebenswerten Periode, in einer geselligen Runde beim Trinken losgelassen hatte: »Häng der Frau zwei Kinder an, daß sie zu Hause sitzen muß, und du kannst dann nach Lust und Laune...« Wir hatten das damals für einen Scherz gehalten und darüber gelacht.

Der Theatermensch kommt schwankend und mit einer Fahne ins Zimmer. Um mich zu demütigen, zählt er plötzlich eine ganze Reihe von Literaten, Dramatikern mit ihren Werken auf, die mir völlig unbekannt sind. »Naaa, mein Fräulein, haben Sie davon jemals schon was gehört?«

Zum Teufel mit deiner Intellektualität. Das ist alles Fassade. Wenn die Fassade mal Löcher kriegt, sieht man, daß nichts dahinter ist. Das darf ich leider nicht laut sagen. Ich verabschiede mich.

Meiner Mutter berichte ich, daß ich bei meiner Schwester war.

»Ach, wie gut«, sagt sie. »Du hast es noch nicht so weit gebracht wie sie. Schau, wie schön, eine verheiratete Frau mit zwei Kindern...«

Ich hüte mich, weiter über meine Schwester sprechen.

25

Erhan und ich küssen uns überall: unter der Tür, im Freien, am Hügel und am Strand. Wir umarmen uns fest, das ist sehr schön, sehr eigenartig, ein Schwindelgefühl erfaßt mich dabei. Ich verstehe Fügen und Günseli nicht. Wenn der Mensch schon bei einer Umarmung, beim Küssen diese Empfindungen verspürt, wie wird es dann erst sein, wenn er »alles« genießt? Aber ich will studieren, nicht heiraten. Wie soll ich dann erfahren, wie es ist?

Eines Tages lädt er mich wieder nach Hause ein; seine Mutter käme erst spät. Soll ich? Ich möchte sehr. Er hält meine Hand, schaut mir in die Augen. Ich zittere. Wahrscheinlich denkt er, es sei vor Lust, aber ich fürchte mich einfach. Seine Hand ist in meiner Bluse, am Reißverschluß des Rocks.

»Keine Angst«, flüstert er, »du bist erwachsen, deine Freundinnen sind verheiratet, haben Kinder, ich liebe dich, fürchte dich nicht.« Kaum noch höre ich, was er sagt.

Ich halte die Augen fest geschlossen, möchte vor lauter Scham nicht sehen, was vorgeht. Ich bin verkrampft.

Wir umarmen uns. Ich schäme mich, als er neben mir aufsteht und mich nackt daliegen sieht. Aber was ist denn daran schlimm? Warum soll es schlecht sein? »Siehst du, es ist nichts passiert«, sagt er.

Zu Hause gehe ich sofort ins Bad und seife mich überall gründlich ab. Was Fügen und Günseli gemacht haben, haben wir nicht getan, dafür war es aber sehr schön. Warum es bei ihnen schlimm war, weiß ich nicht. Es gibt so vieles, was ich nicht weiß, aber wen soll ich fragen?

Meiner Mutter kann ich nicht ins Gesicht schauen. Was habe ich nur getan?

26

Ich habe Erhan nicht gefragt, ob er das, was er mit mir nicht gemacht hat, wohl mit einer anderen Frau – ohne sie zu kennen, für die Lust von fünf Minuten, wie ein Tier – getrieben hat. Ich hatte Angst vor der Antwort. Und wenn doch? Mir wird schlecht, ich kann ihn mir nicht mit einer anderen vorstellen. Wie schrecklich! Was soll ich denn dann machen? Ich bin eifersüchtig, wenn er anderen Mädchen nur nachguckt. Auch er ist derart eifersüchtig, daß er mich keinen kurzen Rock anziehen läßt. »Sind etwa meine Beine häßlich?« frage ich im Spaß. »Nein, aber es soll sie keiner sehen«, sagt er.

Jetzt hat er plötzlich die Idee, nach Europa zu gehen. Hier würden wir ja verrotten, das Studium sei eine Katastrophe, in der Praxis hätten wir nichts gelernt. »Gut, und was wird mit mir?« »Laß mich mal diesen Sommer hingehen. Wenn ich dann zurückkomme, sehen wir weiter«, meint er.

Würde ich zu Vater sagen: »Ich gehe nach Europa«, fiele er wohl tot um. Ich sag's natürlich nicht, sondern bloß im Jux: »Papa, wie wär's, wenn ich nach London ginge, um mein Englisch zu verbessern.« Freilich, es ist alles nur Spaß. Er hat schallend gelacht. »Ach, wenn ich einen Sohn hätte, dann würde ich ihn nach London schicken und auch nach Paris. Und mein Geschäft würde ich ihm auch überlassen.«

Mein Herz krampfte sich zusammen, es klopfte wie verrückt.

»Papa, überlaß das Geschäft doch uns beiden Schwestern, zeig uns, was zu machen ist, und wenn ich mit der Uni fertig bin, können wir es ganz gut alleine führen.«

Er lachte laut auf. Noch nie hatte ich ihn so lustig erlebt.

Erhan ist nach Frankreich abgefahren. Zuletzt hatte er die Gedanken nur noch dort. Wahrscheinlich wird er länger bleiben; hier gefällt es ihm gar nicht mehr. Aber ich kann nicht nachkommen, weil Vater mich nicht läßt. Ich soll hier studieren und stark werden. Ich habe Erhan an den Bus gebracht; bei der Abfahrt ein Winken und Winken. Die Tränen liefen mir in Strömen, ich konnte nicht an mich halten. Als ob er nicht in drei Monaten zurückkäme! Als sei das unsere letzte Begegnung gewesen. Wie halte ich bloß den Schmerz aus? Ich möchte eine ganze Schachtel Beruhigungsmittel nehmen und schlafen, bis der Schmerz vergangen ist.

27

Seit Erhan weg ist, habe ich keine Freude mehr. Wie verrückt warte ich auf den Brief, der einmal jede Woche kommt. Er erzählt, wie herrlich dort alles sei, wie modern die Menschen seien. Und ganz zuunterst hingekritzelt ein kleines »Ich sehne mich nach Dir, bye-bye.«

Mit Nilay laufe ich öfter durch die Straßen. Wir haben ein schönes Café entdeckt, wo wir uns dann hinsetzen. Es ist immer voll. Um einen Platz zu finden, muß man früh kommen.

Eines Tages waren wir wieder spät dran. Nilays Freunde hatten für uns zwei Stühle freigehalten. Der Junge, neben den ich zu sitzen kam, stellte sich vor mit: »Man nennt mich Ci-Ci.« Wie zudringlich. Ich pflege keine Unbekannten mit Kosenamen anzureden. Er erklärte, daß seine Initialen G. G. seien, und das ergäbe, englisch ausgesprochen (und türkisch geschrieben) Ci-Ci. Sehr witzig! Etwas später fragte er, was ich am liebsten äße. Was sollte ich so schnell antworten? »Schokolade, Bonbons, Waffeln, Kaugummi.« Er verschwand für eine Weile und kam wieder, alle Taschen voll mit Schokolade, Bonbons, Waffeln und Kaugummi, die er nach und nach für mich herauszog.

Ich mußte wahnsinnig lachen und konnte kaum wieder aufhören. »Du vergrämte Prinzessin. Tagelang beobachte ich euch hier schon. Die beiden Schemel habe ich für euch freigehalten. Und endlich habe ich euch zum Lachen gebracht«, sagte er.

Dann mußten wir gehen. »Ich bringe euch bis zum Dolmuş«, sagte er. Ein Dolmuş (Sammeltaxi, Anm. der Red.) hielt an. Ich verabschiedete mich, doch er sprang mit hinein. »Euch alleine fahren zu lassen / erlaubte mir nicht mein Herz«, deklamierte er wie auf dem Theater. Trotzdem, ein netter Junge.

Am nächsten Abend gingen wir wieder ins Café. Ci-Ci war schon da und winkte. Wir setzten uns zu ihm. Zieht er da nicht eine Tafel Schokolade aus der Tasche? »Ich habe euch erwartet. Sie schmilzt schon«, sagte er. Süß. Wie aufmerksam, wie einfühlsam!

Die trockenen, kalten Briefe von Erhan sagen mir nichts mehr. Was soll ich damit anfangen, daß Paris so schön ist. Zum Teufel mit ihm und seinem Paris! Ich habe ihm einen Brief geschrieben, der noch kälter und trockener war als die seinen. Daß ich hier viel Spaß hätte und daß er ruhig dort bleiben könne. Daraufhin kam drei Tage später vielleicht ein Brief, voller Liebe, großer Liebe. Wie sehr er sich nach mir sehne, daß er bald käme, mich abzuholen und mitzunehmen.

Ich kann mich auch in Istanbul amüsieren!

Mit Ci-Ci treffe ich mich weiterhin. Freilich komme ich nur mit tausend Lügen und Tricks von zu Hause weg, aber das macht nichts, weil ich mich wirklich amüsiere. Ci-Ci bemüht sich sehr um mich. Seine Auffassungen sind ungewöhnlich: »Eifersucht kenne ich nicht«, sagt er. »Die Eifersucht legt das Besitzgefühl an die Leine. Auch Verheiratete können sich noch für andere Menschen interessieren; was soll daran nun schlimm sein?« sagt er. Ein seltsamer Junge. Wo hat er denn diese komischen Sachen gelernt?

Eines Tages saßen wir auf dem Rückweg vom Kino gerade im Dolmuş, als er sagte: »Los, laß uns miteinander nach Europa fahren und da mal schön herumreisen.« Ich lachte. »Mein Vater wird mich mit dir wohl gerade nach Europa schicken«, sagte ich. »Klar macht er das. Wir heiraten, und dann fahren wir«, sagte er. Heiraten. Sollte das jetzt ein Heiratsantrag sein? Nein, mein Lieber, doch wohl wieder so ein Scherz. Noch dazu war das ein Heiratsgrund, der mir bis jetzt nicht im Traum eingefallen wäre. Ein Mann heiratet doch, weil er liebt und weil er der Geliebten seinen Namen geben will, oder?

»Was, heiraten?« fragte ich laut. Und ganz gelassen antwortete er: »Ja, warum denn nicht?« Natürlich würde es gehen. Er ist Assistent an der Universität, und ich habe mein Studium in einem Jahr fertig.

Zu Hause träume ich von der Ehe, von einer kleinen Wohnung, nicht mehr die Gefangene meines Vaters zu sein, nach Herzenslust zu reisen, Europa, die Freiheit... Aber Wochen vergehen, und das Thema Heirat wird nicht wieder angeschnitten. Doch eines Tages, als wir in der Innenstadt an einem Juwelierladen vorbeigehen, entfährt mir der Satz: »Wir wollten doch heiraten.« Was hatte ich da gesagt? Am liebsten wäre ich vor Scham in den Boden versunken. »Ach, du Dummchen, du brauchst dich nicht zu schämen!« Sofort zog er mich in den Juwelierladen hinein und verlangte »zwei Trauringe«. Dieser Mann ist irre, ein Verrückter. Wir kauften die Ringe und steckten sie an. Bin ich jetzt etwa verlobt?

Zu Hause zog ich den Ring ab; wie schön hatte er auf meinem Finger gesessen. Ich bin verlobt.

Als ich es Mutter sagte, war sie perplex. Abends wurde Vater eröffnet, daß jemand die Absicht habe, mich zu heiraten. Wer ist das, was ist er, wessen Sohn, was sind das für Leute... so begann er seine Ermittlungen. Der Betreffende solle seine Eltern schicken.

Es stellte sich heraus, daß seine Mutter total gegen unsere Heirat war. Ihr Sohn sei ja noch Student und keineswegs Universitätsassistent. Wovon wollten wir denn leben, wie Geld verdienen? Und ich hatte ihn für einen Assistenten gehalten – und die Wohnung hier für sein Eigentum, dabei ist sie das Sommerquartier seiner Mutter. Weshalb hat er mich derartig angeschwindelt?

Aber unwichtig, Liebling Ci-Ci. Wir haben ja unsere Liebe, was mischen sich die anderen ein? Warum wollen sie uns nicht heiraten lassen? Wir heiraten auf jeden Fall, Ci-Ci. Gegen diese angegrauten Typen muß man einfach kämpfen, nicht wahr?

Wir werden heiraten. Dafür, daß Sie, Herr Doktor Schwiegervater, und Ihre geschätzte Frau Gemahlin mich nicht wollten, als sei ich ein Mädchen mit einem Makel, werde ich Ihnen eine Lehre erteilen, und zwar bei der Trauung. Mein Brautkleid wird so ausgefallen sein, daß Sie es nie vergessen werden.

28

Von dem gesamten Aussteuergeld, das mir mein Vater gegeben hatte, kaufte ich mir tolle Kleider, Schuhe, Unterwäsche. Im Schleier und weißen Brautkleid, dessen Minirock nur knapp über den Po ging, wurde ich getraut.

»Wie revolutionär«, spottete meine Schwester. »Du betrügst dich selbst. Wirklich revolutionär wäre es gewesen, nicht zu heiraten oder wenigstens nicht im Brautkleid, sondern in Bluejeans. Mini-Brautkleid, pah!«

Wir sind auf der Hochzeitsreise in einer fürchterlich heißen Stadt und wohnen in der Brautsuite eines Luxushotels. Ci-Ci hat zwar kein Geld, doch den Luxus liebt er sehr. Ich weiß nicht, woher er das Geld dafür hat, aber das Hotel ist wirklich gut. Wir gehen aufs Zimmer. Ich bin noch dabei, den Koffer auszupakken, da kommt er und umschlingt von hinten meine Hüften. Wir ziehen uns aus. Er legt mich sanft aufs Bett und sich selbst über mich. »Jetzt gehörst du gleich mir«, sagt er. Ich kann mich gar nicht auf den Vorgang konzentrieren, weil ich ständig über den Ausdruck »du gehörst mir« nachdenken muß. Irgend etwas müßte auch ich sagen, schließlich ist dies der wichtigste Augenblick meines Lebens. Soll ich sagen: »Ich habe dir bis jetzt ja auch schon gehört«, oder »Los, Geliebter, dann nimm mich«, oder »Ja, aber du gehörst mir nun auch«, oder vielleicht »Weshalb soll ich dir eigentlich gehören, nur weil wir miteinander schlafen, Mensch?«

Alles das konnte ich nicht sagen, weil ich plötzlich einen schrecklichen Schmerz verspürte, und so schrie ich bloß: »Halt, halt, nicht!« Er zieht sich ein bißchen zurück und kommt wieder. »Halt, halt, es tut sehr weh«, schreie ich aufs neue. Das wiederholt sich fünfmal. In meinem Kopf ist das Chaos. Ich kann weder etwas Gescheites sagen, noch Gefallen an der Sache finden. Verflucht.

Er steht endlich ärgerlich auf und sagt: »Du bist reichlich kindisch, was sollen denn diese Zicken?« Ich fange an zu weinen. Wie kann er mich nur so schlecht behandeln, noch dazu auf der Hochzeitsreise. Was soll nun werden?

Hätte ich nicht eigentlich von Sinnen sein, hätten wir nicht stöhnen und ein Körper sein sollen, nicht zusammen viele Male den Gipfel der Lust ersteigen sollen? Verflucht und zur Hölle mit allen Liebesromanen.

Er streichelt meine Haare, ich entspanne mich. Er kommt wieder über mich. Diesmal bin ich entschlossen, nicht ›Halt‹ zu schreien. Er stützt sich ab, er drückt, ein brennender Schmerz, ich beiße die Zähne zusammen; aber sonst spüre ich nichts, nichts...

Nach etwa drei Minuten liegt er schweißbedeckt und keuchend neben mir. »Es war sehr schön, Wahnsinn, du warst ja auch so ein süßes Stück, es war toll, bist du auch gekommen, war es gut?«

(Was für ein Kommen? Wohin soll ich gekommen sein? Was hast du denn getan? Hast mir wehgetan, dich ein bißchen bewegt und ausgeleert. Wer soll wohin gekommen sein?)

Während diese Gedanken mir durch den Sinn gehen, schaue ich ihn bloß mit aufgerissenen Augen an. Wir umarmen uns und fallen in Schlaf.

Als ich erwache, sind die Laken voller Blut, als hätte man ein Huhn geschlachtet. Himmel, wenn das die Zimmermädchen sehen! Aber wenn ich das Laken wasche, wird es dann trocken? Er sagt: »Das macht nichts. Das Bett hat sowieso unter dem Laken einen undurchlässigen Schonbezug. Hier ist doch das Brautzimmer, Mädchen.«

Im Brautzimmer haben die Betten Schonbezüge. Die Mädchen werden in diese Zimmer eingesperrt und zu Frauen gemacht. Ununterbrochen, ständig, wie in der Fabrik. Die Betten in den Brautzimmern sind mit Schonbezügen geschützt vor dem Blut der Jungfrauen. Wir lassen unser Blut für den geliebten Mann fließen. Ein Mädchen bewahrt ihr Hymen, und sei es ein Leben lang, für den Mann, der es nehmen wird.

In den Brautzimmern, auf den Laken über den Schonbezügen, geben die Mädchen unter Schmerzen, in wenigen Minuten, ihre streng bewahrte Ehre für eine noch größere Ehre hin.

Vom Geschehen überwältigt und all die Liebesromane im Kopf, fallen wir in den Armen unserer Ehemänner auf den blutigen Laken über Schonbezügen in den Schlaf.

29

Von der Hochzeitsreise zurück, nahmen wir uns mit dem letzten Geld ein Taxi und fuhren in die Sommerwohnung. Dort fühlte ich mich fremd; kein Möbelstück, das mir gehörte. Hätte ich von Vaters Geld wenigstens etwas Bettwäsche gekauft.

»Laß uns zu meinen Eltern gehen«, sagte ich, »und dort essen.«

Oh, wie schön ist es doch, mit einem Mann am Arm ganz leger ins Vaterhaus zurückzukehren. Vater ist nicht da. Als ich meine Mutter umarme, kommt sie mir etwas abgemagert und blaß vor, aber sie sagt: »Mir geht's gut. Das kommt von der Hitze.«

Ich nehme sie beiseite und frage sie, ob sie mir etwas Geld leihen kann. »Ach Mädchen, du kennst doch Vater, er will immer alles selbst verwalten und gibt mir nur knapp, aber das bißchen, das ich habe, kannst du bekommen.«

Da höre ich einen Vogel zwitschern. In einem Käfig flattert ein gelber Kanari.

»Mutter, wie kommt denn das? Vater wollte doch nie ein Tier im Haus haben.« Mutter lacht gezwungen. »Er hat ihn gekauft, nachdem du fort warst. Wie du weißt, hat er dich immer am meisten geliebt und von dir oft als seinem gelben Kanarienvogel gesprochen.«

Ach Papa, Papachen, hättest du mich doch nur einmal in meiner Gegenwart so genannt! Meine Augen füllen sich mit Tränen. Obwohl ich es nicht will, muß ich weinen. Vater, wenigstens einmal hätte ich erleben wollen, daß du mich deinen gelben Kanari nennst. Ich dagegen, stocksteif, zärtlichkeitsbedürftig, ohne Freude, ohne Lachen, hatte gewartet, daß mich mal einer umarmt, meine Haare streichelt. Ach Papa, Väterchen.

30

Der Vater von Ci-Ci hat für seinen Sohn eine Stelle in der Firma eines Freundes gefunden. Sie ist zwar schlecht bezahlt, aber das macht nichts. Bald ist er ja mit dem Studium fertig. Nur das Geld reicht nicht, weil Ci-Ci uns ständig etwas kauft. Er zieht sich schrecklich gerne gut an. Mir hat er eine tolle Uhr gekauft, über die ich mich sehr gefreut habe, aber es war nicht nötig. Dafür habe ich keine gescheiten Stiefel, und bald ist Winter.

Wir gehen dauernd aus, in Diskotheken, Restaurants, Nachtlokale. Wir haben auch amüsante Freunde, vor allem einen aus der reichen Familie Halıcıoğlu. Ci-Ci ist von ihm begeistert. Er hat uns in sein Sommerhaus am Meer eingeladen, das schon fast ein Schloß ist. Dauernd sind wir jetzt mit denen zusammen. Ich bin nicht sehr dafür. Wie sollen wir denn die Kosten aufbringen? Die Leute aus dem Kreis von Necip Halıcıoğlu, Mannequins, reiche Töchter, sind mit Brillanten übersät. Kleidung, die sie einmal angezogen haben, wird ausrangiert. Es fehlt bloß noch der Brillant in der Nase. Sie schmücken sich, geben an, blasen sich auf.

Ci-Ci hatte eine Sonderzulage bekommen, und am selben Tag kam er mit einem Samtschächtelchen in der Hand heim. Ich machte es auf: ein Ehering mit Brillanten. »Zur Hochzeit konnte ich dir keine Brillanten kaufen. Der goldene Ehering steht dir gar nicht«, sagte er. Dabei bin ich begeistert von meinem goldenen Ring; ich mag ihn sehr.

Es war seltsam, aber ich hatte ein ungutes Gefühl, einen Widerwillen gegen all das. Sollte ich ihm etwa wie im Film um den Hals fallen mit: »Liebster, das ist herrlich, wie süß du bist, mein Herz!«?

Langsam zog ich den Goldring vom Finger, steckte den Brillanten an und versuchte zu lächeln, aber es gelang nicht. »Er steht dir gut«, sagte er. Wahrscheinlich muß er sich nun neben den reichen Mädchen meiner nicht mehr schämen. Ich habe auch einen Brillanten, ich bin auch ein Mensch.

Am nächsten Abend steckte ich das Schmuckstück an. Als ein Mannequin »Ha, das ist aber ein schönes Stück, wieviele

Steine hat er denn?« fragte, überschlug sich Ci-Ci vor Begeisterung, allen zu erklären, wieviele Steine der Ring hat.

Ich schämte mich zu Tode, ein so teures Ding an der Hand zu tragen, das von allen bewundert wurde.

Hatte ich diese Situation verdient? Der Ring brannte an meinem Finger. Ich hätte ihn am liebsten abgezogen und weggeworfen. Aber das kann ich doch nicht...

Nie wieder habe ich diesen Ring getragen.

31

Morgens stehe ich immer zeitig auf, um Ci-Ci, der den Firmenbus erreichen will, noch das Frühstück zu machen. Wenn er sich jetzt morgens zur Arbeit verabschiedet, bin ich nicht mehr so traurig wie in den ersten Tagen. Nicht daß ich ihn weniger liebte, aber ich habe mich an sein Fortgehen gewöhnt. Anfangs – das werde ich nie vergessen – hing ich mich zum Abschied schluchzend an seinen Hals, weil ich ihn ja den ganzen Tag nicht sehen würde. Jetzt finde ich das nicht mehr so schlimm.

Wenn er fort ist, schlafe ich noch ein bißchen. Dann gehe ich gleich zum Einkaufen. Ich koche nach den Anweisungen meiner Mutter. Natürlich dauert alles viel länger als bei ihr, auch weil ich dabei immer in mein Notizheft schauen muß. Aber das Schmorfleisch, die Auberginen mit Knoblauch, die Apfelcreme gelingen vorzüglich.

Abends gehe ich ihm bis zur Haltestelle des Firmenbusses entgegen. Er steigt aus, und Arm in Arm gehen wir nach Hause. Ich trage das Essen auf, und nach zehn Minuten ist alles gegessen. Ich decke ab, er hilft, ich spüle das Geschirr, und er spült nach.

Ci-Ci ist etwas penibel. Neulich schimpfte er mich regelrecht zusammen, weil ich die Einkaufstasche auf die Arbeitsplatte gelegt hatte. Die schmutzige Einkaufstasche auf der Platte, wo wir das Brot schneiden...

Ein andermal hatte ich seine im Schlafzimmer hingeworfenen Socken nicht aufgesammelt. Da nahm er diese ohne ein Wort bedeutungsvoll hoch und schmiß sie noch einmal zu Boden. Was soll ich da tun? Den Tisch deckt eigentlich immer er ab. Als ihn eines Abends mein Vater und der Mann meiner Schwester dabei beobachteten, sagten sie zu meiner Mutter: »Deine Tochter hat ja wirklich das zu ihr passende Muttersöhnchen gefunden.«

Also wird man durch Tischabräumen zum Muttersöhnchen?

»Ich gebe mir Mühe und stehe stundenlang in der Küche beim Kochen, aber gegessen ist in zehn Minuten«, sage ich.

»Da gibt's eine Lösung. Die Trinker sitzen länger bei Tisch. Wenn du möchtest, dann trinken wir auch jeden Abend, wie der Schauspieler«, sagt er. Schon heißt es nicht mehr wie in den ersten Tagen: »Es war vorzüglich. Deine Hände sollen gesegnet sein«, oder so etwas Ähnliches. Klar, warum auch. Das Essen ist immer gut, daran sind wir jetzt gewöhnt. Das ist ja meine Aufgabe.

32

Genau dreizehn Tage über die Zeit. Meine Brust, meine Hände, mein Bauch, alles ist dicker geworden. Bin ich etwa schwanger? Soll ich jetzt wohl Mutter werden?

Ich habe einen Urin-Test machen lassen, und er war positiv. Heute abend werde ich es Ci-Ci sagen. Es soll wie im Film sein. Den Tisch habe ich schöner als sonst gedeckt, mit Blumen und Kerzen. Ich habe Wein gekauft. Er hat es bemerkt. »Was feiern wir denn?« fragt er. »Setzen wir uns«, sage ich. Nachdem wir ein paar Glas getrunken haben, sage ich mit romantischem Tonfall: »Liebling, ich habe eine Überraschung für dich.«

»Sag's schnell. Ich platze vor Neugier. Haben wir im Lotto gewonnen oder so?« »Mein Herz, denk mal nicht bloß an Lotterie und Geld, sondern an das Wichtigste im Leben eines Ehepaares.« Noch immer ist meine Stimme sanft. »Was denn?« fragt er. (Mensch, bist du ein...) Äußerlich wirkt alles so romantisch, aber was in meinem Kopf vorgeht, habe ich nicht unter Kontrolle. Ich schäme mich, als hätte ich laut gedacht.

»Liebling, wir werden ein Baby haben, dein Kind, unser beider...«

Er ist so verwirrt, dermaßen erstaunt, als wären wir die ersten Menschen, die ein Kind bekämen. »Ist das denn wirklich wahr?«

»Natürlich ist es wahr. Schau doch das Testergebnis.« Mir kommt es vor, als würde er bleich.

»Liebste, ich freue mich sehr, sehr gut. Aber ist das nicht etwas früh? Wir wollten doch noch reisen, nach Europa. Meine Mutter ist sehr alt, deine Mutter ist krank. Wer soll auf das Kind aufpassen?«

(Dabei sollte er doch einen Luftsprung machen und »Wirklich?« rufen. Er sollte seinen Kopf an meinen Bauch legen und flüstern: »Mein Sohn, unser Sohn ist jetzt da.« Er hätte mir doch die Teller aus der Hand nehmen müssen und sagen: »Ermüde dich nicht, Geliebte, ich mache schon alles«; hätte mich in den Sessel setzen und die Füße zudecken müssen...)

»Du willst also dieses Baby nicht, wenigstens jetzt nicht?« frage ich mit eiskalter Stimme.

»Liebste, wir sind noch zu jung. Wir möchten noch etwas leben. Aber das können wir ja noch überlegen, dazu ist Zeit genug.« (Und ich hatte geträumt, er würde nun täglich 50 mal von der Arbeit aus anrufen und sich nach dem Befinden der »Mutter seines Kindes« erkundigen. Er würde jeden Tag mit Geschenken für das Kleine nach Hause kommen.)

Ich stehe vom Tisch auf, gehe ins Schlafzimmer und schließe mich ein. Märchen, Märchen. Schneewittchen, Aschenputtel... Langwimprige Prinzessinnen mit Schleifen im Haar, die auf den Prinzen warten. Romane, Geschichten... Die Familie mit zwei Kindern, einem Jungen und einem Mädchen. In der Küche backt die glückliche Mutter Kuchen. Der Vater mit der Aktentasche und dem Auto...

Die Fügens, die Günselis, Frauen mit dicken Körpern und wirren Haaren, die ständig hinter irgendeinem Kind herlaufen. Ehemänner mit der Aktentasche. Frauen mit blutunterlaufenen Stellen im Gesicht. Rasende Liebesszenen, gleichzeitige Orgasmen. ... Märchen, Romane, Filme... Frauen zwischen vier Wänden als Symbolfiguren des Glücks. Mütter mit erfrorenem Blick, ohne Lächeln...

Ich sah im Spiegel mein Gesicht, es war kalkweiß, die Augen riesig. Ganz nüchtern, ganz ohne Träume soll mein Leben verlaufen?

Ich weiß nicht, was ich machen soll. Vor einer Abtreibung habe ich fürchterliche Angst. Fünfmal habe ich unseren Kleiderschrank hochgehoben, wobei ich mir fast das Kreuz ausgerenkt habe, aber sonst ist weiter nichts erfolgt.

Dann habe ich mir Seifenstückchen reingesteckt, das brannte! (Bis die Seife wieder raus war, wäre ich von dem Brennen fast verrückt geworden.) Schließlich habe ich ein Hosengummi eingeführt. Es heißt ja, es ginge mit der Stricknadel, aber so primitiv bin ich denn doch nicht. Drei Tage versuchte ich alles mögliche, aber nichts geschah.

Ci-Ci umarmt mich jeden Abend. Ich drehe mich auf die Seite, da schlingt er von hinten die Arme um meine Hüften. Er will mit mir schlafen, ich will nicht.

Dann ließ ich mir eine Reihe Spritzen geben. Noch immer rührte sich nichts.

Also zum Arzt. Auf dem Weg erzählte ich meiner Mutter, was ich alles unternommen hatte. Sie war perplex. »Mädchen, nun hast du so lange studiert und verhältst dich wie eine Frau vom Lande.«

Ich war schon nervös genug. »Hast du mir's denn beigebracht?« schrie ich. »Hättest du mir wenigstens beigebracht, wie man eine Schwangerschaft verhütet! Es durfte zu Hause ja nicht mal andeutungsweise über Sexualität gesprochen werden. Aber das hinderte uns nicht, das Verbotene trotzdem zu tun. Wenn Vater zu Hause war, haben wir unsere Freunde über den hinteren Balkon hereingelassen. Wir haben, weil wir nachts nicht raus durften, am Tage Liebe gemacht. Vom Haus der Freundin, wohin ihr uns brachtet und wieder abholtet, sind wir schnell zum Treffen mit unserem Flirt abgehauen. Was ist denn rausgekommen dabei, daß ihr uns alles verschwiegen habt? Schweben meine Schwester und ich jetzt wohl vor Glück in den Wolken? An all den Schmerzen, die wir jetzt erleiden, habt ihr euren Anteil. Meine Tränen jetzt sind eure Schuld.«

Meine Mutter sagte nur erschöpft und mit schwacher Stimme: »Ich wußte, daß es so kommen würde.«

Ich wurde aufgerufen. Die Sprechstundenhilfe schickte mich

zum Wasserlassen. Dann mußte ich Strümpfe und Schlüpfer ausziehen und mich auf den langen, schmalen Tisch legen. »Noch weiter vor«, sagte sie, »der Po muß bis zum Rand kommen.« Ich rutschte also vor. Sie hob mir die Beine hoch, drückte sie auseinander und legte sie in die Gabeln. Ein Laken bedeckte meinen Bauch und die Beine, aber wer mir gegenüberstand, sah mir bis ins Innerste hinein.

Die Helferin rief den Arzt, der wohl gute Laune hatte, denn mit: »Na, dann schauen wir mal nach«, stürmte er ins Zimmer. Immerhin, ein etwa 50jähriger alter Herr. Er zog Handschuhe über und befeuchtete mich offenbar. »Nicht verkrampfen, lokker lassen«, sagte er.

Ich versuchte, mich zu entspannen. »Ist schon gut, fertig.« Er steckte mir einen Finger rein, und mit der anderen Hand drückte er mir auf den Bauch.

»Ja, wir sind schwanger. Du kannst jetzt aufstehen.« Ich saß am Rand des Tisches, über dem Schoß das weiße Laken. Er legte mir eine Hand aufs Bein. »Was machen wir jetzt?« fragte er. Streichelte er mich etwa? Ja, seine Hand war unter dem Laken. Etwas oberhalb meines Knies streichelte er mich leicht, ganz leicht.

Wahrscheinlich war ich feuerrot geworden, denn das Blut war mir in den Kopf gestiegen. Aber was sollte ich machen, schließlich war mein Gegenüber ein ausgewachsener Arzt. Würde ich: »Was machen Sie denn da, Sie streicheln mich«, sagen, dann würde er antworten: »Bist du verrückt, Mädchen, ich bin Arzt.« Ich durfte mich nicht so verschämt benehmen wie die Frauen vom Lande.

»Ich lasse es wegmachen, Herr Doktor«, sagte ich.

Während er väterlich meinte: »Ah, das ist aber schlimm, das erste Kind sollte man nicht abtreiben lassen«, war er mit der Hand bei meinen Schamhaaren angekommen. Ich schwitzte Blut und Wasser, richtete mich auf und sagte: »Das können wir vielleicht im Sprechzimmer weiter besprechen.«

Er nahm seine Hände weg und rief die Sprechstundenhilfe. Sie drückte mir meine Unterwäsche in die Hand, ich solle mich anziehen. Der Mann war aber noch immer da und wusch sich die Hände. Ich konnte doch nicht vor ihm den Rock hochheben und meinen Schlüpfer anziehen. »Mädchen, was schämst du dich?« sagte ich zu mir selbst. »Hat er nicht gerade eben schon alles an dir gesehen?« Ich wünschte ihn zur Hölle und starrte ihm durch den Spiegel in die Augen. Dann hob ich meinen Rock hoch, zog den Schlüpfer an, und der Herr Doktor verließ den Raum.

Als ich rauskam, verhandelte meine Mutter schon mit dem Arzt über die Kosten der Abtreibung. »Mutter, ich habe mich entschlossen, das Kind zu bekommen«, sagte ich. Wir gingen. Meine Mutter war perplex. »Mama, dieser Kerl ist, bei Gott, imstande, während der Narkose alles mögliche mit mir anzustellen«, sagte ich. Meiner Mutter wollte das natürlich überhaupt nicht eingehen. »Du warst als Kind schon ungezogen und weißt nun noch immer nicht, was man sagt«, bemerkte sie.

34

Es soll einen sehr guten Arzt geben, das hat Ci-Ci von seinen Freunden erfahren. Wir haben einen Termin für die Abtreibung und gehen mit nüchternem Magen hin. Die Praxis ist in einer komischen Gegend, in einem alten, schmutzigen Gebäude. Wir läuten an der Tür, eine alte Frau öffnet. Im Wartezimmer vier, fünf Leute, zwei Paare und ein einzelner Mann, der wohl seine Frau begleitet hat. Ich werde von der Alten aufgerufen.

Ich bin ruhig, ganz ruhig. Was gibt es zu fürchten, haben bis jetzt nicht schon Millionen Frauen eine Abtreibung hinter sich gebracht? Aber sind nicht auch ein paar gestorben dabei? Na, meine Liebe, das kommt doch bloß einmal in vierzig Jahren vor. Und wenn die vierzig Jahre gerade jetzt herum sind und die Reihe an mir ist? Ich darf meine Angst nicht zeigen, muß stark sein, stark sein, und ich bin stark.

Die Alte führt mich auf die Toilette. Als wir zurückkehren in den kleinen Behandlungsraum, hört man hinter einem Paravent ein Stöhnen. Der Abfalleimer ist voller Blut.

»Zieh den Schlüpfer aus«, sagt die Alte. »Was sind denn das für Laute?« frage ich. »Das hat nichts zu bedeuten. Die vor dir wacht auf.« Dann mußte das wohl die Frau von dem schnauzbärtigen Kerl im Wartezimmer sein.

»Hast du noch andere Kinder, Kleines?« »Nein, Tantchen.« »Ah, das ist aber schlimm, das erste Kind läßt man sich doch auf keinen Fall nehmen. Schau mal, die Frau da hat schon Fünfe, deswegen ist sie hier. Na ja, jetzt hast du dich entschieden. Bist ja noch jung und kannst noch viele Kinder kriegen.« (Das wird schwer sein.) Ich habe den Schlüpfer ausgezogen, mich auf den Tisch gesetzt und, wie gelernt, den Hintern bis zum Rand geschoben. Ich bin ganz ruhig, mein Herz schlägt zwar schneller als sonst, aber das ist nur natürlich. Nicht mal den Rock mußte ich ausziehen. Plötzlich steht am Kopfende eine füllige Frau mit rot gefärbten Haaren, stark geschminkt. »Oh, was ist das für ein schöner Duft, wie war noch der Name dieses Parfüms? Was bist du doch für ein schönes Mädchen«, sagt sie, als spräche sie mit einer geistig Zurückgebliebenen.

Meine Beine ragen in die Luft, ich bin mit einem Tüchlein bedeckt. Zur Seite stehen mir die stark geschminkte Frau, die mich wie ein Kind behandelt, und die Alte, die eine Art Dienerin ist. Der Arzt tritt ein und zieht sich die Handschuhe an. Aus der Nachbarkabine hört man Stöhnen. »Es ist gleich vorbei, keine Angst«, sagt die geschminkte Frau, »mach mal eine Faust.« Ich presse die Faust zusammen. »Mein Gott, du hast aber dünne Venen, Süße.« Sie probiert es mit dem anderen Arm. Und wenn sie keine Vene findet und mich nicht narkotisieren kann. Aber da fühle ich schon den Schmerz des Einstichs.

Warum habe ich nicht verhütet? Warum hast du Dreckskerl nicht aufgepaßt? Fast hätte ich dieses Kind nun geboren und wäre dadurch wahrhaftig deine Sklavin geworden. Die Sklavin deines Lebens, die Sklavin dieses Bastards. Ich hätte nicht abtreiben sollen, nicht wahr, Mama? Die heiligste Pflicht einer Frau ist die Mutterschaft, nicht wahr, Mama! Bedeutet Mutterschaft wohl, wie du mit zwei Kindern und einem Mann, der dich betrügt, zwischen den Wänden des Hauses eingesperrt zu sein und nicht gehen zu können? Dieser stumme Fischblick der Mütter, der den Kindern sagt: euretwegen bin ich gezwungen zu diesem Leben; wäret ihr nicht, würde ich mich scheiden lassen. Ist das die heilige Mutterschaft? Ein Wesen, von dem man noch nicht weiß, was einmal aus ihm wird, in diese Scheißwelt zu setzen und es ständig zu beschuldigen – soll das Mutterschaft sein? Wo bist du denn, Mama? Wer bist du? Was hast du bis heute für dich getan? Wo sind deine Hoffnungen? Hattest du welche? Heilige Mutterschaft, jewohl, hei – li – ge...

»Verflucht, verdammt!« So kam ich zu mir. Die Alte sagte: »Mädchen, sei ruhig.«

Ci-Ci bringt sich um vor Zärtlichkeit, nennt mich ununterbrochen »Herzchen« und »Liebling«. Geschlechtsverkehr ist für eine Weile verboten.

Als ich an seinem Arm die Treppe hinuntersteige, sage ich: »Jetzt kannst du ja ins Bordell gehen, um dich zu befriedigen.« Seine Augen werden groß. »Wie du mich manchmal irritierst«, sagt er. »Du irritierst mich auch sehr«, sage ich.

35

Das beste soll eine Spirale sein. Zwar weiß man noch nicht genau, ob sie Krebs auslöst, aber sie verhütet am sichersten. Die Pille soll den Menschen dick und nervös machen. Schmelzende Tabletten und ähnliches für die Scheide sind sehr unzuverlässig; außerdem müßte man ja immer eine Weile vorher wissen, ob man vögeln will. Präservative können platzen, zerreißen. Außerdem macht es einen kribbelig, wenn der Mann im spannendsten Moment aufstehen muß, um das Ding überzuziehen, das kann die ganze Konzentration auf den Akt zerstören.

Also entschloß ich mich zur Spirale. Aber es sollte ein anderer Arzt sein als der letzte mit seiner unfreundlichen Art. Die Freundin meiner Mutter empfahl einen, der sehr gut, sehr vertrauenswürdig sei, nur etwas teuer.

Ich hatte telefonisch einen Termin ausgemacht. Als ich ihm in der Praxis gegenübersitze, erfahre ich, daß die Spirale an diesem Tag nicht eingesetzt werden kann. »Warum?« frage ich. »Ist das denn so schwierig oder gefährlich?« »Nicht schwierig, jedoch muß man es sorgfältig machen.« »Aber in den Krankenhäusern werden täglich Hunderten von Frauen Spiralen eingesetzt.« »Wenn Sie das möchten, können Sie ja dorthin gehen. Aber Sie wissen gar nicht, was Sie da eingesetzt bekommen, möglicherweise alte Modelle, die aus der Mode sind oder die in der Größe nicht passen für Sie, und das merken Sie nicht mal.« Er steht auf und holt aus der Schublade ein kleines Ding, das noch steril in die Verpackung eingeschweißt ist. »Sehen Sie, das setzen wir Ihnen ein, eine T-Form. Sie kennen noch die spiralige Form, nicht wahr?« (Nein, ich kenne überhaupt keine Formen; ich glaube alles, was Sie sagen, Doktorchen; Sie können mich einfach betrügen, ich merk's nicht. In dem Punkt bin ich völlig ungebildet. Wenn wir einmal in Ihre Hände gefallen sind, können Sie mit uns nach Belieben verfahren, Doktorchen). Inzwischen bin ich nicht mehr wütend auf meine innere Stimme, im Gegenteil, ich liebe sie. »Ja, ich kannte die Spiralform«, sage ich. »Wir setzen Ihnen die Spirale in der Klinik ein. Kommen Sie am Freitag um neun Uhr nüchtern.«

Am Freitag um zehn vor neun bin ich vor der Klinik. Ci-Ci drängt darauf mitzukommen. Aber ich bin nicht sicher, ob er wirklich warten will. Ich bin doch kein Kind, kein ängstliches junges Mädchen mehr. Ich kann alleine gehen und gehe auch allein.

Ich muß warten. Bis neun Uhr zwanzig sitze ich im Wartezimmer, dann ruft mich ein Gehilfe herein. Wir gehen in ein kleines Zimmer, das genauso aussieht wie in allen Arztpraxen: der gleiche Tisch, das gleiche Waschbecken mit Spiegel, die gleichen Instrumente. Nur stehen hier ein paar Leute mehr herum: eine Krankenpflegerin, ein Krankenpfleger, eine Schwester und der Gehilfe, der mich hereingeführt hat. Natürlich der Arzt, der mich begrüßt, und ich. Noch geht es nicht los. Man läßt mich wieder zwanzig Minuten warten. Läuft denn etwas schief? Sind die Geräte nicht in Ordnung? Eine Spirale einzusetzen ist doch keine so große Sache.

Auf einmal gehen alle raus bis auf die Schwester. »Zieh dich aus, Liebes, und leg die Sachen hierher«, sagt sie. Ich habe inzwischen Erfahrung, zum Beispiel, daß es nicht ratsam ist, lange Hosen anzuhaben, denn diese müßte man ja ganz ausziehen, und dann säße man beim Aufstehen praktisch nackt da. Ein Rock ist angenehmer, denn den kann man hochschieben und beim Aufstehen, schwupp, runterlassen. Wieder rutsche ich mit dem Po zum Ende des Tisches, wieder strecke ich die Beine hoch und zu beiden Seiten in die Halter.

Plötzlich sind alle diese Leute wieder im Zimmer. Offensichtlich ist das Einsetzen einer Spirale ein Ereignis, das man ernster als eine Abtreibung nehmen muß. Wozu sonst dieses große Operationsteam. Der Gehilfe, der mich hereingebracht hat, geht direkt vor mir ans Waschbecken und macht da irgend etwas. Der Mann ist unmittelbar mir gegenüber. Sollte ich nicht meine Beine sofort herunternehmen und schließen? Aber das wäre erst recht peinlich. Ich kann mich doch nicht wie eine verschämte Landfrau benehmen. Der Mann dreht sich um. Er hat alles gesehen. Von seinen Augen lese ich ab, daß er mir geradeswegs ins Innerste geschaut hat. Aber ist denn dieser Arzt blind, was läßt er denn den Mann hier herumlaufen? Ich bin blamiert, total blamiert. Noch ein anderer Kerl ist da und geht an mir vorbei. Plötzlich höre ich am Kopfende eine bekannte Stimme: »Ach, ach, was für ein schönes Mädchen, was für schöne Haare, meine Süße, sind die gefärbt?« Das war sie, die geschminkte Rothaarige, die mir die Betäubungsspritze gegeben hatte. Dieses Mal fragte sie nicht nach der Marke meines Parfüms, sondern redete von meinen Haaren.

Sie bindet mir mit einem Gummi den Arm ab. Offensichtlich hat sie mich nicht wiedererkannt, sonst wüßte sie doch, daß meine Venen nicht vortreten. »Ich will nicht«, kommt eine Stimme aus meiner Kehle. Alle erstarren. »Was willst du nicht?« »Ich will nicht narkotisiert werden, ich will nicht!« Klingt meine Stimme wohl sehr hart, entschlossen, oder, im Gegenteil, sehr ängstlich? Jedenfalls löst die Rothaarige sofort das Gummi und sagt: »Warum, meine Süße, soll es denn schlecht sein, wenn du gar nichts spürst?« »Ich will es nicht.« Die Frau schaut den Arzt an, und der Gehilfe am Kopfende sagt: »Bravo, unsere Schwester ist sehr mutig.« Die Frau ist beleidigt, läßt sich aber nichts anmerken. Ich bin zu stolz, den Arzt zu fragen: »Tut es weh?«, nachdem ich einmal: »Ich will keine Narkose«, gesagt habe. »Tief einatmen«, sagt der Arzt. Die Frau steht hinter mir und streichelt meine Haare. Der Gehilfe zur Linken hat meinen Arm gefaßt, tätschelt ihn leicht und sagt ein ums andere Mal: »Bravo, das ist allerhand von dir.«

Ich atme tief...

Ich atme tief...

Wofür das alles, wofür diese Leiden, weshalb mache ich das alles durch?

Ein kurzer Schmerz, wie ein Nadelstich. Es tut ein bißchen weh, fertig, vorbei.

»Bleib zehn Minuten hier liegen«, sagt der Arzt. Ich darf die Beine runternehmen und schließen. Jetzt fühle ich mich wohl. Zwar sind noch immer Männer im Raum, aber das ist mir nun egal. Als ich aufstehe, bleibt wieder bloß die Schwester im Zimmer, während die anderen ehrerbietig hinausgehen, als hätten sie nicht alle vorher meine intimste Stelle gesehen. Ich ziehe mich an. Kriegen jetzt alle die Leute Trinkgeld? Wieviel? Und wofür? Der Schwester etwas zu geben wäre mir peinlich, das gehört sich wohl nicht, sie hat eine Ausbildung hinter sich. Dem Mann an der Tür, der mich entblößt gesehen und meinen Arm getätschelt hat, drücke ich etwas in die Hand. Der Arzt sitzt in seinem Sprechzimmer. »Was habe ich zu zahlen?« frage ich. Er sagt es – Gott im Himmel! Er tut, als berechnete er für sich selbst rein gar nichts, nur die Kosten der Spirale, der Klinik, der Narkose, des Personals. Ich bezahle. Diesen Arzt kann ich also auch aus meinem Notizheft streichen.

Es kam der Sommer, und die Eltern von Ci-Ci zogen zu uns. Genauer gesagt, sie siedelten in ihre Sommerwohnung über. Seine Mutter holte alle die altmodischen Möbel, Vasen, Aschenbecher, die ich ausrangiert hatte, wieder hervor und verteilte sie. Dafür stellte sie meine schlichte weiße Keramik weg. Von mir aus. Wenn sie geht, tue ich meine Sachen wieder hin.

Sie hat angefangen zu kochen. Dann staubt sie jeden Tag vierzigmal ab. Soll sie doch. Nicht schlimm. Wenn Ci-Ci Piep sagt, bringt sie ihm ein Glas Wasser, wenn er Pup sagt, macht sie ihm Kaffee. Gehen wir abends fort, drängt sie ihn, nur ja einen Pullover mitzunehmen, damit er sich nicht erkälte. Beim Abendbrot bemerkt Ci-Ci: »Mama, meine Frau bereitet dieses Essen sehr gut zu.« »Natürlich, mein Sohn, das kann sie. Ich koche inzwischen wie für alte Leute, mit wenig Fett«, antwortet sie. Ich freue mich sehr, weil Ci-Ci offenbar mein Essen mag. Wer freut sich nicht über Lob?

Mir bereitet bloß Kopfzerbrechen, wie ich die Eltern meines Mannes anreden soll. Mutter und Vater kann ich nicht sagen, aber Nebile Hanım und Hayrettin Bey wäre zu förmlich. Onkel und Tante hört sich zudringlich an.

Ci-Ci meinte: »Was ist schon dabei, wenn du Mutter und Vater sagst?« (Aha, was ist schon dabei... Deine Eltern sind meine Eltern, nicht? Dabei waren sie doch absolut gegen unsere Heirat, und seither haben sie uns nicht im geringsten geholfen, mir auch nicht mit einer Kleinigkeit Liebe Anerkennung gezeigt, nur alles, was ich tat, was ich anzog, kritisiert; und dann heißt es, meine Mutter sei deine Mutter, klar, wirklich, warum auch nicht!)

Als ich eines Tages mit seiner Mutter alleine bin, fängt sie an, von Geldproblemen zu sprechen, und sagt: »Wenn wir diese Wohnung doch vermieten könnten, dann hätten wir eine Einnahme, und alles wäre leichter.« »Oh, wirklich«, sage ich.

Genau eine Stunde später bin ich auf der Straße, um nach einer Mietwohnung zu suchen. Wenn möglich, ziehe ich schon morgen um.

(Dreckige Hexe! Dann hätte sie eine Einnahme. Schließlich sei nun auch vom Sohn nichts mehr zu erwarten. Wir seien halt ein bißchen verschwenderisch. Er verdiene doch nicht schlecht, oder? Wohin denn dieses ganze Geld gehe? Wo sie doch so viel für ihn geopfert habe. Tatsächlich sei es ihnen zur Zeit unserer Eheschließung materiell nicht gut gegangen, sie habe mir keinen Schmuck schenken können, aber ein Jahr später habe ihr lieber Mann, der Doktor, von seinem Arztgehalt jenen breiten Goldarmreif gekauft. Sie liebe mich sehr, wirklich sehr.)

Ich suche einen Goldschmied auf und verkaufe den ekelhaften Armreif.

Als Ci-Ci abends heimkommt, erzähle ich ihm alles. »Ist ja nichts dabei, Liebling«, sagt er. »Sie haben es wirklich schwer. Mein Vater hat ja keine eigene Praxis; wir können ihnen doch ein bißchen Miete zahlen.« »Wenn ich bloß ein bißchen Miete zahle, dann bleibe ich nicht in diesem Pißpott von Wohnung ohne Heizung, sondern ziehe gleich morgen aus. Dann muß ich wenigstens nicht noch den Mundgeruch anderer Leute ertragen«, sage ich. »Was für eine Aufregung, was für eine Entschiedenheit«, spottet er. Ich bin selbst erstaunt über meine Entschlußkraft.

Es wäre wirklich ein Fehler gewesen, wenn ich sie Mutter genannt hätte.

37

Mein Vater hatte einen Herzinfarkt. Er muß liegen. Als ich ihn besuche, steht am Fußende seines Bettes Gülriz Abla. Meine Mutter ist in der Küche, um ihm etwas zu kochen. Auch meine Schwester ist gekommen.

Da bemerke ich mit einem Mal, daß mein Vater die Füße unter der Decke vorgestreckt hat und Gülriz Abla am Po berührt. Mit den Füßen tätschelt er sie. Ich muß lachen (Papa, ich geb mich geschlagen! Bei dir trifft das Sprichwort ›Bis zum letzten Atemzug bleibt der Charakter, wie er ist‹ voll zu). Dann aber fällt mir die ganze Geschichte wieder ein und wie ich als Kind die beiden monatelang malträtiert habe.

Nun bin ich wieder wütend, wegen meiner Mutter, meiner lieben Mama. Trotz allem liebe ich diesen Mann, aber es reicht endlich. Soll ich es Mutter sagen? Die gleiche Frage wieder: Was passiert, wenn ich es sage? Großes Leid, tiefer Schmerz und danach? Nichts.

Einen Monat lang habe ich mich eingeschlossen, habe wie verrückt gebüffelt, den Stoff Zeile für Zeile auswendig gelernt, weil ich in Kürze meine Prüfung habe und Gott sei Dank das Studium zu Ende ist. Ein Glück, denn an den Universitäten gärt es. Boykott der Vorlesungen, Schlägereien in der Mensa, die Rechten, die Linken –, Ci-Ci und ich interessieren uns nicht für solche Dinge.

Das rechte Bein meines Vaters ist taub. Früher schon hatte er beim Streit mit meiner Mutter immer »hach, mein Herz, hach, mein Bein« geschrien.

Als ich eines Abends nach Hause kam, war seine ganze rechte Seite gelähmt und der Mund verzogen. Tagelang lag er so. Wiederum nach einiger Zeit ging ich abends hin. Meine Schwester öffnete die Tür. Sie hatten mich nicht angerufen, als ob es bei uns kein Telefon gäbe. Vater blutete oben und unten heraus. Der Arzt sagte, es sei nichts zu machen. Er habe eine Blutübertragung vorgeschlagen, aber angeblich hätten die Krankenhäuser kein passendes Blut.

Ich stürze an sein Bett. »Papa, Papa, hörst du mich, antworte. Ich bin deine Tochter, dein gelber Kanari. Hörst du mich, sag was.« Er öffnet die Augen einen Spalt weit und scheint zu lächeln. Die Finger, die einst so starken, mit denen er uns mit einer Hand in die Luft halten konnte, krümmen sich leicht. »Ihr hat er zugelächelt, seiner Lieblingstochter hat er zugelächelt, während er uns schon seit Wochen nicht anschaut«, sagt meine Mutter.

»Papa, nimm mich in den Arm, sag etwas, steh wieder auf!« Ich umarme ihn fest. Der große Körper ist klein geworden, ich fühle seine Knochen. Obwohl ich mich selbst nicht mehr höre, zerspringt meine Kehle fast von dem Schrei Papa, Papa, Papachen... Er preßt meine Hand. »Mein Mädchen, mein Leben...« Seine Stimme ist ein Röcheln. Es schüttelt ihn... mein Vater geht dahin.

Ich sperre die Tür ab, umarme seinen noch warmen kleinen, würdevollen Körper. Ich nehme seine Hand, führe sie zu meinem Haar und streichele, streichele. Er hat das erstemal »mein Leben« zu mir gesagt, nun soll er auch meine Haare streicheln. Sie mußten die Tür aufbrechen, mir die Hand meines Vaters mit Gewalt wegnehmen. Ich war halb ohnmächtig. Als ich mich aus ihren Händen befreit hatte, warf ich den Kanarienkäfig in den Garten hinaus. Und ehe ich völlig in Ohnmacht sank, brüllte ich noch so laut, daß es die halbe Stadt hören mußte: »Mamaaaaa, du bist endlich freiii!«

38

Ich habe das Studium beendet und ein beeindruckendes Diplom bekommen. Sofort habe ich mir Visitenkarten drucken lassen. Zwar glaube ich inzwischen an gar nichts mehr, aber ich will doch meinem Vater mit dem Diplom einen Besuch abstatten. Ich gehe also an sein Grab, ziehe das Dokument aus der Aktentasche und halte ihm eine Rede: »Papachen, du hattest ja gesagt, ich würde es keinesfalls schaffen, und wenn, dann würdest du es mir zeigen. So, nun habe ich den Abschluß, schau, hier ist das Diplom. Und ich bin sicher, so sehr du auch dagegen warst, daß du dich über den Erfolg gefreut hättest. So, nun zeig's mir doch! Wenn du einen Sohn gehabt hättest, was hättest du ihm nicht alles geschenkt. Aber wir mußten ja um die einfachsten Dinge kämpfen. Nie hast du mal was freiwillig gegeben, immer war es ein Tauziehen, du hast uns keine glückliche Jugend erleben lassen. Sogar an die Universität sind wir mit einem Schuldgefühl gegangen, als sei es eine große Gnade von dir. Da, nimm, nimm und schau, und zeig's mir doch!«

Ich schluchze. Es war eigentlich nicht meine Absicht gewesen, noch ein letztes Mal mit ihm zu streiten.

39

Essen kochen, putzen, schlafen, sich schön machen, eine Freundin besuchen, den Ehemann erwarten... Abends sehne ich sein Kommen herbei. Aber unsere Gespräche sind nicht mehr wie früher. Sie drehen sich um Schrauben, Dichtungen, Maschinen und was weiß ich, was der Mann so von seiner Arbeit erzählt.

»Und was hast du heute gemacht?«

»Ach nichts, ich bin zu meiner Mutter gegangen, außerdem habe ich Nilay gesehen und meine Schwester angerufen.«

»Wie geht es ihnen?«

»Gut. Weißt du, ich habe allen gesagt, daß ich eine Arbeit suche. Was sagst du, hast du was dagegen?« (Und wenn?)

»Was soll ich dagegen haben? Natürlich, warum nicht? Bloß, mir scheint, du bist ein bißchen...«

»Ein bißchen was?«

»Du kommst mir ein bißchen faul und weichlich vor. Aber du machst das schon. Such dir eine Arbeit und amüsier dich. Wenn's nicht klappt, hörst du wieder auf.«

(Amüsier dich! Wenn's nicht klappt, hör wieder auf! Etwas faul und weichlich! Der Kerl redet wie mein Vater. Die Hemden sind gebügelt, die Strümpfe frisch im Schrank, jeden Abend ein Essen mit drei Gängen, kein Lob dafür... aber ein bißchen weichlich bin ich! Doch, auf dem Tisch liegt Staub, und das Waschbecken ist seit drei Tagen nicht geputzt. Schämst du dich nicht, deine stinkenden Socken hinzuschmeißen, so daß ich sie aufsammeln muß? Ich verstecke meine schmutzige Wäsche vor dir wie die Katze ihren Kot, räume meinen Dreck selbst weg. Das ist wohl typisch weiblich? Schmutziger Kerl, ungehobelter

Kerl! Arbeiten zum Zeitvertreib, zum Vergnügen... Aber deine Scheißmaschinen retten die Welt, glaubst du, und wenn du Chef bist, dann bist du schon was. Hast nach zehn Jahren ein Studium beendet, bist aber dadurch nicht Mensch geworden. Amüsier dich, und wenn's nicht klappt, hörst du auf... Du... für wen hältst du mich überhaupt? Für eine Frau, die zur Arbeit nicht taugt? Amüsieren, weichlich, ha?)

Blitzschnell zogen mir diese Vorstellungen durch den Kopf. War ich es, die dies alles dachte? Er schaute mich irritiert an. Hatte er etwa meine Gedanken erraten? (Dabei heulte ich Rotz und Wasser.)

»Du wirst schon sehen«, sagte ich und stand vom Tisch auf. Das hatte ich schon mal zu einem Mann gesagt. Es lag mir noch mit der gleichen Stimmlage, mit der gleichen Betonung im Ohr: »Du wirst schon sehen, Papa.«

40

Zerrin, eine frühere Studienkollegin, hatte mir gesagt, daß in ihrer Firma eine Stelle frei sei. Eigentlich hätte man lieber einen männlichen Bewerber, aber ich sollte es trotzdem mal versuchen. Ich schrieb meinen Lebenslauf und verabredete einen Vorstellungstermin.

Ewig lange überlegte ich, was ich anziehen sollte. Mit einer Hose konnte ich unangenehm auffallen. In manchen Firmen waren Hosen sogar verboten. Dieser enge Rock. Nein, der wirkte etwas sexy, noch dazu mit einem Schlitz. Jener weite Rock – darin sah ich blumenbunt aus wie eine Zigeunerin. Jene Bluse – die Ärmel waren zu kurz. Oder die andere weiße – war die nicht zu weit ausgeschnitten?

Ich habe nichts, gar nichts anzuziehen. Noch dazu ist ein Wetter, zwischen Winter und Sommer. Endlich fand ich einen braunen Rock und eine cremefarbene Trikotbluse. Na ja, das war wenigstens unauffällig.

Genau eine Stunde vorher mache ich mich auf den Weg, der eigentlich bloß 30 Minuten dauert. Viel zu früh stehe ich vor der Tür. Ich laufe noch ein bißchen in der Gegend herum. Es ist warm geworden, ich schwitze, mein Gesicht fängt an zu glänzen, und das Make-up zerläuft. Der Haarknoten, den ich mir, um solider auszusehen, mit viel Zeitaufwand hinfrisiert habe, löst sich auf. Verdammt, ich könnte mich wenigstens zu Zerrin hineinsetzen und warten. Zerrin ist schon viel weiter als ich, sie hat ihr Examen früher gemacht. Sie teilt das Büro mit einer Kollegin. Als der Tee kommt, den sie für mich bestellt hat, tritt ein Mann ein, der mich aufmerksam anschaut. »Ist das deine Freundin, die sich um die Stelle bewirbt?« fragt er. (Gefällt dir die Bewerberin etwa nicht, Liebling?) Um Gottes willen, ich bin machtlos gegen meine innere Stimme. Äußerlich lächele ich höflich und sage: »Ja.«

»Sie sind früh gekommen. Dann können wir uns schon mal unterhalten, ich bin gerade frei.« (Himmel, und wenn Sie nicht frei wären! Als ob Sie hier Leben retteten!)

Wenn ich das, was meine innere Stimme so vorbringt, eines Tages veröffentlichen würde, wie wäre da wohl die Reaktion? Eines Tages möchte ich soweit sein, meine Gedanken laut zu sagen, weil ja alles das wahr und richtig ist und ich die Verstellung kaum ertrage.

Ich lache den Mann nett an und stöckele hinter ihm her. Er beginnt sein Verhör mit Fragen nach der Schulbildung, dann, ob ich verheiratet sei und wie alt, »wenn es nicht unhöflich wäre zu fragen«. Ich reiche ihm das Blatt mit meinem Lebenslauf. »Das alles möchte ich mündlich von Ihnen hören, wie Sie sprechen, ob Ihre Stimme schön ist.« (Werde ich etwa als Solosängerin engagiert?)

Ich werde entlassen, um mich noch fünf weiteren Direktoren vorzustellen, die mich von Kopf bis Fuß unter die Lupe nehmen. Es gibt für diese Stelle nämlich genau 68 Bewerber. Schließlich kann ich gehen. Nach zwei Tagen soll ich anrufen, dann wird man mir endgültig Bescheid geben.

Die beiden Tage verbringe ich voller Spannung, wasche und bügele meine Kleidung, überlege, was ich wann anziehen soll. Sogar eine neue Hose kaufe ich mir. Von seinem Geld. »Dies ist das letzte Mal, daß ich von dir Geld verlange«, sage ich stolz. »Na, Liebling, wieviel wirst du denn verdienen?« fragt er. Lieber Gott, das zu fragen hatte ich vergessen. Wenn es nun sehr wenig ist, was dann? Halt mal, noch weiß ich ja überhaupt nicht, ob ich die Stelle bekommen werde.

Ich wähle und verlange den Direktor, mit dem ich zuerst gesprochen habe, stelle mich vor. »Ah, Kleines, wir haben eine gute Nachricht für dich. Du hast allen sehr gut gefallen und kannst am Montag anfangen«, sagt er. (Was verdiene ich denn? Dreckiger Kerl, dein Kleines kannst du dir sparen. Wie hoch ist denn das Gehalt?) »Vielen Dank, und bis Montag.«

Diese Männer gefielen mir gar nicht. Sollte ich die Stelle lieber nicht annehmen? Soll ich Zerrin fragen, was sie zahlen? Aber Zerrin hat sich auch ganz schön verändert. Aus der unscheinbaren, schüchternen Studentin ist eine hochnäsige Type geworden. Wen soll ich fragen, mit wem mich beraten? Wie alleine bin ich doch. Na ja, am Montag werde ich schon selbst alles herauskriegen.

41

Daß mein Lohn gar nicht so schlecht ist, habe ich erst bei der Abrechnung am Monatsende gemerkt, vorher traute ich mich nicht zu fragen. Die Arbeit macht mir Spaß. Einer der Mitarbeiter ist Teoman, den ich schon seit Kindertagen kenne, weil er in unserer Gegend wohnte. Ich traf ihn am dritten Tag in der Kantine. Seine Bemerkung: »Da sieht man doch mal, welchen Vorteil es hat, eine schöne Frau zu sein; die anderen Bewerber hatten keinerlei Chancen mehr«, trieb mir das Blut in den Kopf. (So, also schön bin ich, das hatte mir bis heute kaum ein Mensch gesagt, weder meine Eltern, noch die Freunde, ausgenommen Erhan, auch nicht Ci-Ci.) »Hör auf«, sage ich. »Ich habe im Schweiße meines Angesichts diese Stelle bekommen und arbeite jetzt wie ein Pferd.« »Wenn der Schweiß nicht auf einer schönen Stirne gestanden hätte, dann hätte er nichts genützt«, erwidert er.

Teoman war früher ein dünner Bengel, ein Schürzenjäger; jetzt läuft er mit einem Schmierbauch rum, ist verheiratet und hat zwei Kinder.

Von Teoman erfahre ich eines Tages, daß die beiden Männer, die parallel zu mir eingestellt wurden, mehr Gehalt bekommen.

»Wie geht denn das?« frage ich. »Sie haben die gleiche Ausbildung, sind ebenfalls Anfänger und kriegen mehr?«

Die Antwort fällt ihm leicht: »Aber das sind doch Männer. Während du hier unsere Augenweide bist.«

Aha, und deswegen bin ich wohl weniger wert als sie? »Gut, und wie ist Zerrin denn zur Vorgesetzten so vieler Leute geworden?« »Mensch, du bist aber naiv! Bist nun schon monatelang hier und hast noch nicht kapiert, wie oft Zerrin im Zimmer von Faruk Bey aus- und eingeht. Wenn Faruk Bey nicht wäre...« »Du bist unverschämt, Teoman, wirklich unverschämt. Willst du behaupten, Frauen kämen nur vorwärts als wasweißich des Direktors? Außerdem ist Faruk Bey doch Mitbesitzer der Firma und verheiratet.«

»Mädchen, früher warst du aber nicht derart auf den Kopf gefallen! Wenn Frauen hier eingestellt werden, dann entweder, weil sie schön sind oder weil sie mit dem Direktor wasweißich haben. Das präg dir mal in deinen kleinen Schädel ein.«

»Was du da sagst, denkst das bloß du, oder denken das alle?«

»Alle, jeder denkt so. Sei froh um das Geld, das du verdienst. Frauen kommen hier nicht vorwärts. Sie sollen uns bloß Augen und Herz erfreuen.«

»Wirklich, Teoman, ist das so? Augen und Herz erfreuen. Du wirst schon sehen.« Dieses »Du wirst schon sehen« sage ich jetzt zum dritten Mal zu einem Mann, glaube ich.

Ich strenge mich sehr an, wirklich. Wenn in anderen Abteilungen Leute fehlen, bekomme ich die Mehrarbeit zugeteilt. Oft mache ich Überstunden, die aber nicht bezahlt werden. Mein erstes Ziel muß eine Lohnerhöhung sein. In meiner Abteilung ist noch eine weibliche Kraft, ein nettes Mädchen, der sie den Spitznamen »vertrocknete Jungfer« angehängt haben, weil sie sehr dünn ist und noch nicht verheiratet. Ich übernehme manchmal auch noch ihre Arbeit. Sie kann keinen guten Text formulieren, deshalb bekomme jetzt ich alles, was zu schreiben ist. Und ich mache es.

42

Ich hatte einen Jahresbericht verfaßt, wie wir das alle hier müssen. Er ist prima geworden. Die Einleitung und den Schluß hatte ich in einem geistreichen Stil geschrieben. Ich zeigte ihn Zerrin. Sie las den Anfang und sagte: »Du bist wohl verrückt geworden.« Dann strich sie meinen Text mit Rotstift durch. (Dreckige Hexe, was verstehst du denn von meinem Bericht. Stehst vom Schoß dieses Kerls auf, um die Chefin zu spielen. Auf dich alleine gestellt, aus eigener Kraft könntest du nichts leisten. An jedem Arbeitsplatz hast du zuerst immer den Vorgesetzten für dich gewonnen. Das weiß ich jetzt, das habe ich alles rausgekriegt. Was verstehst du denn von einem guten Bericht.)

Am anderen Tag läutete das Telefon. Faruk Bey höchstpersönlich. Mit ihm stand ich in der letzten Zeit sowieso gut. Neulich waren wir bei Arbeitsschluß am Ausgang zusammengetroffen, und er hatte mich mit dem Auto nach Hause gebracht.

»Komm doch mal mit dem Bericht vorbei«, sagte er.

Ich nahm meinen Entwurf, so wie er war, mit Rotstift durchkreuzt, und ging in sein Büro. »Alle haben ihre Berichte abgegeben, bloß du nicht. Hast du nicht gearbeitet?« fragt er. Ich reichte die Mappe hin.

»Was sind denn das für rote Striche?«

»Ich habe den Text vorher Zerrin gezeigt. Er hat ihr nicht gefallen.« Lächelte er, oder kam es mir bloß so vor.

»Setz dich«, sagte er und fing an zu lesen. Bald grinste er, an einer Stelle lachte er laut auf. Dann lehnte er sich zurück und sagte: »Köstlich, köstlich. Wäre das nicht der Bericht einer kleinen Frau, würde ich ihn in der Vorstandssitzung vorlesen.«

»Wenn er Ihnen gefällt, dann lesen Sie ihn doch vor«, sagte ich.

Er lachte und erhob sich. Wie ein Riese stand er neben mir. Während ich noch überlegte, ob ich auch aufstehen sollte, streichelte er mir die Haare, strich mir über den Rücken. »Ich überleg's mir«, sagte er. Und als ich schon im Rausgehen war, fügte er noch hinzu: »Komm ab und zu mal bei mir vorbei und zeig dein schönes Gesicht. Meine Tür steht für jedermann offen. Warum kommst bloß du nicht?«

»In Ordnung«, sagte ich und ging. Draußen traf ich Zerrin.

»Na, hast du mich beim Chef verklagt?« fragte sie.

»Ich habe dich nicht verklagt. Er selbst hatte den Bericht verlangt«, sagte ich.

»So?« zischte sie und wollte zu ihm hinein. Ich erwischte sie am Arm. »Meine Süße, du warst es doch, die mir hier zur Einstellung verholfen hat. Also müßtest du stolz sein auf meine Erfolge. Außerdem hat mein Bericht Faruk Bey sehr gefallen«, sagte ich grinsend.

»Sooo?« sagte sie noch mal, schlüpfte ins Chefzimmer und knallte die Tür zu.

Eine Woche später blieb Faruk Bey gegen Abend an meinem Tisch stehen und sagte: »Ich fahre heute in deine Richtung, wenn du willst, nehme ich dich mit.«

Zerrin beobachtete uns durchs Fenster. Zwar konnte sie nicht verstehen, was wir sprachen, aber ihre Augen sprühten Feuer.

»Gut«, sagte ich, schloß meine Schublade ab und ging mit Faruk Bey hinaus. Das Personal spritzte nur so. Einer trug ihm die Tasche, einer hielt die Tür auf, einer brachte den Wagen. Auch vor mir verbeugten sich alle tief. (Wo wart ihr denn vorher alle? Nicht einer war da, mir auch nur mal einen Sandwich zu holen, und wenn man rief, kam keiner.)

Ich setzte mich neben ihn, wir fuhren los.

»Du bist recht erfolgreich«, sagte er.

»Vielen Dank.«

»Aber es gibt auch Leute, die ertragen deinen Erfolg nicht.«

»Bitteschön, wer könnte denn das sein?«

»Los, tu nicht so. Du bist doch sonst so gescheit und merkst alles. Außerdem bist du sehr süß. Mit dir ist die gute Laune, die Freude bei uns eingezogen.«

»Vielen Dank.«

»Wollen wir hier halten und einen Tee trinken?«

Was sollte ich sagen? Ich war wieder durcheinander. Was war schon Schlimmes dabei, wenn der Chef mit seiner Angestellten irgendwo Tee trinkt? Aber wenn uns jemand sieht? Und warum soll uns niemand sehen? Wir tun ja nichts Schlechtes. Hast du so wenig Selbstvertrauen? Na dann, was wirst du rot wie ein Dorfmädchen. Wenn er das darf, darfst du es auch.

»Gut, auf einen Tee.«

Wie waren wir denn nun an den Strand gekommen? Unser Weg führte doch gar nicht hier vorbei. Na ja, vielleicht wollte er mit mir über die Arbeit sprechen, vielleicht wollten sie mich ja auch befördern.

Unser Tee kam. Er faßte meine Hand. »Du bist so süß«, sagte er. Ich fühlte mich glutrot werden und zog meine Hand zurück, als hätte ich sie verbrannt.

»Ich weiß, daß du verheiratet bist, und würde nie etwas von dir wollen, außer, daß wir ab und zu Tee miteinander trinken gehen und daß du manchmal in mein Zimmer kommst, damit ich dich sehen kann.«

»Wir könnten den Tee ja in Ihrem Zimmer trinken«, sagte ich mit zitternder Stimme.

Er lachte schallend, wie ein Vater. »In Ordnung, dann trinken wir den Tee in meinem Zimmer«, sagte er. Später fuhr er mich heim.

43

Die Firma richtet eine neue Abteilung ein. Die Vorgesetzten haben mich mit Mehmet und Özcan dazu bestimmt, alles vorzubereiten. Wir drei sind völlig gleichberechtigt. Mehmet wohnt in meiner Gegend, und manchmal kommt er abends zu uns, wo wir weiterarbeiten. An diesen Abenden kommt Ci-Ci entweder spät nach Hause, oder er legt sich schlafen.

Neulich, als es mit Mehmet wieder einmal spät wurde, rief seine Frau an und sagte: »Sei so lieb und schick mir den Mehmet endlich heim, ich habe Sehnsucht nach ihm.« Ich sagte: »In Ordnung«, und habe ihn losgeschickt.

Es ist spät nachts. Ci-Ci schläft schon. Die Wohnung ist ein Sauhaufen. Ich muß Geschirr spülen und aufräumen. Morgen muß ich wieder sehr früh raus, denn wir haben eine Konferenz. Abends muß ich auch einkaufen gehen, wir haben nichts mehr zu essen. Was soll ich besorgen? Es müßte schnell zuzubereiten sein. Aber gestern abend hat Ci-Ci geäußert: »Ich kann kein gegrilltes Fleisch mehr sehen. Mach doch um Gottes willen mal wieder Gemüse in Olivenöl.«

Am Wochenende mache ich das sowieso, aber wenn ich dann mehr koche, als wir bei einer Mahlzeit essen, beschwert sich der gnädige Herr, daß er Reste kriegt. Aufgewärmten Reis, grüne Bohnen zum zweitenmal, daran sei er nicht gewöhnt, das täte er bloß mir zuliebe.

Ein Licht leuchtet auf in meinem Kopf. Als ob es plötzlich ganz hell würde. Mir fällt ein Gespräch mit Fatma Hanım ein: »Sind wir nicht alle Gefangene? Bist du nicht auch eine Gefangene? So war es, und so wird es bleiben.«

Nein, Fatma Hanım, so war es, aber bleiben soll es so nicht. Wir werden irgend etwas tun, bestimmt. Ich gehe ins Schlafzimmer und versperre die Tür, lege mich ins Bett und schließe die Augen.

Mein Mann räumt mit der Attitüde des modernen Ehemannes den Tisch ab, und wenn ich krank bin, spült er Geschirr. Dafür bewundern ihn alle Frauen. Aber Einkaufen, Kochen und alles andere überläßt er mir. Wenn ich an Konferenzen in der Firma teilnehme, macht er sich darüber lustig, als sei meine Arbeit unwichtiger als seine. Ich spüre kein Verlangen mehr, mit ihm zu schlafen; er fragt nicht mal nach dem Grund. Wenn er selber Lust dazu hat, dann machen wir es, wenn nicht, dreht er sich um und schnarcht. Aber sich schön anziehen, sich herausputzen, ausgehen, mit reichen Leuten zusammensein, das mag er nach wie vor.

Er liest kein einziges Buch. Wenn ich abends lesen will, schickt er mich ins Wohnzimmer, weil ihn das Licht stört. In der Firma geht mir Zerrin auf den Geist. Außerdem bedrängt Faruk Bey mich sehr; ich muß ihn bremsen, ganz höflich. Daß ich in die neue Abteilung versetzt wurde, hat zu Gerede unter den Männern geführt. Erst war Zerrin dran, jetzt bin ich es. Angeblich benutzt Faruk Bey jetzt mich. Man würde sich nicht wundern, wenn ich bald eine leitende Stellung bekäme.

(Ich stehe ganz alleine. Gegen so viele Leute habe ich zu kämpfen.) Und meine Mutter, nicht mal sie kann ich besuchen. Das Frauchen ist abgemagert, zusammengeschrumpft, am Ende. Die Ärzte sagen, es seien die Nerven, das ginge vorbei, und sie müsse sich ans Alleinleben gewöhnen. Als ob meine Mutter niemals aus dem Haus gekommen wäre. Sie weiß nicht mal, wie eine

Telefonrechnung bezahlt wird, wo und wie sie einkaufen, Holz und Kohlen bestellen soll, ohne übers Ohr gehauen zu werden. Von nichts hat sie eine Ahnung, als hätte sie bis jetzt auf einem anderen Stern gelebt. Vielleicht sollte sie eine Weile zu uns ziehen. Nein, sie müsse sich ans Alleinsein gewöhnen, sonst könne sie das später überhaupt nicht mehr, sagen die Ärzte.

Das Licht in meinem Kopf leuchtet jetzt ständig. Eines Abends ging ich mit raschen Schritten an allen Läden vorbei, nicht mal Brot kaufte ich. Ich kam nach Hause.

Ci-Ci, ach was Ci-Ci, ab jetzt werde ich ihn mit seinem richtigen Namen Gürkan nennen. Er fragte also um acht Uhr: »Na, was essen wir denn?« (Scheiße – das war meine innere Stimme.) »Nichts«, sagte ich. »Ich bin sehr müde, ich habe nichts einkaufen und kochen können.«

Seine Augen wurden groß und größer. »Du machst wohl Spaß«, sagte er.

»Das ist kein Spaß. Ich habe weder eingekauft noch gekocht.«

Er rannte in die Küche und schaute in den Kühlschrank. Ein vertrocknetes Stück Käse und ein bißchen Marmelade waren da. Er verstand, daß es mir ernst war.

Ganz blaß, als hätte es ein Erdbeben gegeben, fragte er: »Und was machen wir jetzt?« »Wenn du willst, gehen wir auswärts essen.« Wahrscheinlich hielt er das Ganze für ein vorübergehendes Delirium.

Am nächsten und übernächsten Tag wiederholte sich jedoch die gleiche Szene. Das Licht in meinem Kopf machte mich glücklich.

Am folgenden Abend kommt er mit einem Arm voller Päckchen heim. »Los, koch das«, sagt er. (Hör mal, du hast mir nichts zu befehlen, ich bin nicht deine Sklavin. Ich arbeite so viel wie du, verdiene fast so viel, habe genauso studiert. Wofür hältst du dich? Aus welchem Grund, glaubst du, bist du mir überlegen und kannst von mir Dienste erwarten? Beruht deine Überlegenheit vielleicht auf deinem runterbaumelnden Dings da?)

Aber die Höflichkeit zwischen uns soll ja doch gewahrt werden. »Komm, Süßer, komm laß uns das zusammen kochen«, sage ich. (Ob er nun kommt oder nicht?)

Anscheinend habe ich ihn mit meiner Entschlossenheit eingeschüchtert. Er lacht verkniffen, als füge er sich in das Unvermeidliche und geht gnädig mit in die Küche.

»Ich könnte mir auch eine Schürze vorbinden«, sagt er. Als ich ihm meine hinreiche mit der Bemerkung: »Das wäre schon gut, du bist ja Anfänger und bekleckerst dich sicher«, ist er beleidigt und schleudert die Schürze hin. Aber er schneidet die Zwiebeln und putzt die Bohnen.

Wer hat mir dieses Licht im Kopf angezündet? Warum hat es bis jetzt nicht geleuchtet?

In der Nacht dreht er mir den Rücken zu. Er benimmt sich, als hätte ich ihm was getan, als hätte ich ihn erniedrigt. Nun muß ich noch ein weiteres Problem lösen. Dieses Mal umschlinge ich ihn von hinten. Ich streichele ihn. Er ist verblüfft, denn bis jetzt hat immer er angefangen mit dem Liebesspiel. Es dauert nicht lange, in ihm das Verlangen zu wecken. Aber dieses Mal soll er auch meine Wünsche erfüllen. Ich nehme seine Hand und versuche, sie zu dirigieren. Nein, es klappt nicht. Er macht wieder alles so, wie er es kennt. Und wieder bleibe ich ohne alles Gefühl. Ich möchte, daß er etwas anderes macht, doch er merkt es nicht mal. Aber mit Erhan... wie war das doch anders. Da mußte ich mich gar nicht anstrengen...

Ob ich ihm das wohl sagen soll? Daß es mit Erhan viel schöner war, obwohl wir nicht richtig Verkehr miteinander gehabt haben? Nein, auf keinen Fall. Wahrscheinlich würde er dann sehr böse. Na gut. Aber versteht er nicht, merkt er nicht, was ich will? Fertig, er ist befriedigt.

Ich durchschaue inzwischen vollkommen, was da abläuft, und wenn ich das auch heute noch nicht aussprechen kann, dann eines Tages ganz bestimmt.

Im Einschlafen denke ich an die Worte meiner ebenfalls verheirateten Freundinnen: »Sie haben keine Ahnung, Schwester, keine Ahnung! Sie wissen einfach nicht, was sie machen sollen, weil sie weder sich noch uns kennen. Wenn sie abgeschlafft sind, beschuldigen sie uns, daß wir sie nicht mehr erregen. Wenn wir nicht zur Befriedigung kommen, beschuldigen sie uns wieder als frigide oder ungebildete Frauen!«

Wie sollen sie's denn wissen, wo wir doch selbst erst neu entdeckt haben, wie es richtig wäre?

Könnten sie aus unserem Zustand, unserem Verhalten nicht ablesen, was los ist? Kann ein Mensch so verständnislos, unaufmerksam, unwissend, egoistisch sein?

Wenn zwei Menschen miteinander die heißesten, nahesten Minuten erleben und der eine ist befriedigt, der andere nicht, geht denn das überhaupt?

Das heißt, wir müssen uns auch noch darum kümmern.

Aysel hatte gesagt: »Du mußt dir in der Phantasie etwas ausmalen.« Was soll ich mir denn ausmalen?

44

Gürkan ist Generaldirektor seines Betriebes geworden. Er hat einen Firmenwagen, so daß unser beider Privatauto jetzt mir alleine bleibt. Das bedeutet ein Stück Freiheit. Wenn die Sitzungen sich bis spät abends hinziehen, muß ich nicht nervös werden und überlegen, wer mich heimbringen könnte. Seit Gürkan Generaldirektor geworden ist, haben unsere Touren durch Diskotheken und andere Vergnügungsstätten abgenommen, dafür geht es jetzt mit den Einladungen von den anderen Direktoren und Firmenchefs los.

»Du bist komisch«, sagt Gürkan. »Andere Frauen wären von so einem Leben begeistert. Du ziehst ein Gesicht und bist mit nichts zufrieden. Was bist du bloß so komisch, so anders.«

Es stimmt schon: Ich habe ein Auto, verkehre in luxuriösen Häusern und mit Leuten in gehobenen Positionen, die nach Europa fahren und sich europäisch kleiden. Außerdem habe ich eine Arbeit und bin darin erfolgreich. Was will ich denn sonst noch? Warum fühle ich mich denn unglücklich?

Ich sehne mich nach unserer ersten Zeit, als Gürkan noch Ci-Ci war. Wie ich es kaum erwarten konnte, bis er abends von der Arbeit kam und ich ihm an den Firmenbus entgegenlief; sehne mich nach den Tagen, als unser Bekanntenkreis noch nicht so groß war, so daß wir zu Hause miteinander am geschmückten Tisch saßen und Wein tranken. Wie wir damals oft früh ins Bett gingen und eng umschlungen einschliefen.

Ich bin komisch.

Bei den Essen mit Leuten in gehobenen Positionen fühle ich mich wirklich fremd. Die Frauen in riesigen Pelzen, mit großen Brillanten und dicken Goldreifen, in Kleidern, deren Marke zur Schau gestellt wird, mit gestylten und auf jeden Fall gefärbten Haaren; mit diesen Frauen kann ich mich überhaupt nicht unterhalten. Die meiste Aufmerksamkeit zieht die Gattin des Firmenbesitzers auf sich; um die bemüht man sich. Die Frauen der Generaldirektoren stehen auch noch gut da. Meiner ist ja auch Generaldirektor, aber nur von einer kleinen Fabrik, es ist ja praktisch bloß eine Werkstatt.

Wir machen uns miteinander bekannt. »Ich bin die Gattin des Herrn Abdullah Günver von der Tü-Pa-Ka A. G.« »Oh, angenehm, ich bin die Frau von Herrn Hüseyin Topal von der Sam-Kor A. G. Wie geht es Ihnen?« »Ich, ich heiße soundso, ich bin die Leiterin einer Abteilung in der Soundso-Handelsgesellschaft.« »Angenehm. Und wer ist Ihr Mann?« »Mein Mann heißt Gürkan, er steht dort drüben.« »Soso!«

Mit meinen glatten, ungefärbten Haaren, dem einfachen Goldring an der Hand, mit meinen zwar teuren, aber ganz schlichten Kleidern bin ich wirklich eine seltsame Erscheinung. Ich fühle mich neben all den anderen wie ein Kind.

Die Männer bilden wie selbstverständlich eine Gruppe, entweder an der Bar oder am Swimmingpool, halten ihre Gläser in der Hand und unterhalten sich, von lauten Lachsalven begleitet. Ich versuche, mich dazuzugesellen, doch nicht einer bemerkt mich. Entweder reden sie mit einem anderen Geschäftsmann über Geschäfte, oder sie kommentieren die letzten Sportereignisse und lachen heftig dazu.

Die Frauen sitzen normalerweise in Gruppen in Sesseln und halten ebenfalls ihre Gläser. Sie machen keinerlei Krach, sondern erzählen bloß, wie sich ihre Männer abmühen, oder sie schmeicheln sich gegenseitig, wie schick sie einander fänden; daß Deutschland ein Dorf sei, England seinen typischen Stil nicht überwinden könne, aber Paris, auf jeden Fall Paris, oder Italien, das sich plötzlich so entwickelt hätte, nicht wahr. Natürlich sprechen sie nicht von der wirtschaftlichen Lage Italiens, sondern von seiner Mode. Alle Länder werden in bezug auf die Mode bewertet. Zuletzt kommt die Rede auf Fernost, ob ich etwa da noch nicht hingefahren sei? Wie schade, ich müsse unbedingt mal hin, es sei so geheimnisvoll, so traumhaft.

Später wird dann von den Kindern geredet, meistens bloß, auf welchen Schulen sie seien oder wo im Ausland. Offensichtlich hat niemand Erziehungsschwierigkeiten mit den Kindern. Soviel ich mich auch anstrenge und darüber nachdenke, wie ich an ihren Gesprächen teilnehmen und was ich dazu sagen könnte, es fällt mir nichts ein. Da bringt schließlich eine mit Gottes Hilfe die Rede auf Abmagerungskuren, und ich schlage eine wunderbare Diät vor, bei der man die Kohlehydrate nach Punkten zählt. Alle sind sehr interessiert. »Also, du darfst alles essen, nicht wahr, auch Alkohol ist frei. Würdest du mir wohl die Tabelle fotokopieren, meine Süße, und schicken?« Natürlich.

Gürkan fragt: »Hast du dich wieder gelangweilt?« Nö, überhaupt nicht. Wir haben uns nett unterhalten, was für reizende Leute.« An manchen Essen nehmen auch bekannte Künstler, Filmstars, Literaten teil. Die Schriftsteller interessieren mich am meisten, weil ich so viel lese.

Der Name des imposanten, weißhaarigen alten Mannes in der Ecke wird genannt. Wirklich? Das ist er? Der diese romantischen wunderschönen Gedichte schreibt; der über einen so ausgezeichneten Stil und herrliche Gedanken verfügt? Dieser dicke, betrunkene, lallende, Anzüglichkeiten und Schimpfwörter verbreitende Mensch hat diese schönen Gedichte gemacht?

Und neben ihm der andere sei ebenfalls Schriftsteller. Man sagt mir auch, wer er ist. Ich geselle mich dazu, höre ihre Unterhaltung mit. Beide sind betrunken, der Kollege des weißhaarigen dicken Lyrikers spricht ein ganz schlechtes Türkisch; auch er ist grobschlächtig, schnauzbärtig und flucht andauernd. Sie reden über eine junge Frau, deren erstes Buch gerade erschienen ist. Es bleibt ihr nicht erspart, als idiotisch, unbegabt und zuletzt als Hure bezeichnet zu werden. Sämtliche Berühmtheiten, alle Verlage und schließlich die Leser werden von ihren betrunkenen Mündern durchgehechelt. Und ich hatte die Dorfromane des Schnauzbärtigen so geliebt.

Eine berühmte Filmschauspielerin tritt dazu. Sie ist kleiner als in ihren Filmen, und ihre Hüften wirken breiter. Auf den Bildern erscheinen ihre Beine viel länger. Sie nehmen die Frau in ihre

Mitte und überschütten sie mit Komplimenten. Vor lauter Schminke sieht man ihre Augen kaum noch. Ihre Haare hat sie in doppelter Kopfhöhe aufgebauscht, und dauernd macht sie an ihnen herum, streicht sie neben den Ohren hoch und zupft an dem Bausch, als wollte sie ihn vergrößern. Der dicke, betrunkene Lyriker wird auf mich aufmerksam, und ich muß etwas sagen: »Ich habe Ihr letztes Buch gelesen und kann kaum schildern, wie sehr es mir gefallen hat.« »Ah, mein Leben, also hat es dir gefallen. Wer bist du denn, sag mal?« Dabei kneift er mir in die Wange.

Gürkan sagt zu Hause: »Wie nett du dich mit den Literaten unterhalten hast, nicht wahr, heute abend hat es dir doch bestimmt Spaß gemacht?« »Ja, Gürkan, es hat mir Spaß gemacht.« Wirklich hatte ich meinen Spaß. Daß ich wie in einem Einweckglas gelebt haben muß bisher; daß alle die schönen Träume meiner Phantasie mit einem Mal zerstört wurden – diese Erschütterung zu erleben hat mir Spaß gemacht.

45

»Was ist denn deine neue Sekretärin für eine?« frage ich Gürkan, dessen Blick ausdrückt ›geht das schon wieder los?‹. Und er sagt bloß: »Es ist eine ganz Häßliche.« Ich platze vor Neugier. Er könnte sie ja ein bißchen beschreiben. Den ganzen Tag ist er mit ihr zusammen. Jetzt waren sie sogar auf einer Geschäftsreise drei Tage lang in einer anderen Stadt.

Kaum hatte ich gesagt: »Du hättest sie vielleicht doch nicht mitnehmen müssen?« fing er schon an zu brüllen, denn daß sie dabei war, hatte ich erst nach ihrer Rückkehr durch Zufall herausgekriegt. »Was sollen denn diese Eifersüchteleien, ich mische mich auch in deine Sachen nicht ein, Arbeit ist Arbeit; ich werde ja mit meiner Sekretärin nicht anbandeln. Sogar auf meine früheren Freundinnen bist du eifersüchtig, die eine war häßlich, die andere gewöhnlich; was geht dich das an? Hast du denn kein Vertrauen?«

»Hab ich nicht, ich habe eben kein Vertrauen. Gülriz Abla war die uns am nächsten stehende Nachbarin, aber mein Vater hatte ein Verhältnis mit ihr. Es stimmt, du mischst dich in meine Sachen nicht ein, aber ich habe auch immer darauf geachtet, dir keinen Anlaß zu geben. Ich pflege nicht wie du jede Frau, jeden uns begegnenden Mann schmachtend anzuschauen und mit Komplimenten zu überschütten, ich fixiere nicht die Männer vom gegenüberliegenden Tisch. Ich habe Angst, herumzuschauen und die Aufmerksamkeit anderer Männer auf mich zu lenken, damit deine Ehre nicht verletzt wird. Ich fahre nicht dauernd nach Europa, um mich in Massagesalons zu erholen. Ich möchte gerne ins Ausland fahren, um ins Kino und in Konzerte zu gehen, aber ich laufe nicht wie die Kater im Mai den Frauen nach oder besuche Sex-Shows. Wenn ich höre, daß ihr dies braucht, ist meine Ehre verletzt. Meine weibliche Ehre verletzt es, wenn ihr wie brünstige Tiere für fünf Minuten, für eine Stunde Abwechslung in einem anderen Land, mit einer anderen Frau sucht. Ja, ich vertraue euch nicht. Und ich schäme mich vor mir selbst, und mir dreht sich der Magen um, wenn ich diese ordinären Frauen sehe, die du vor mir gebumst hast, und wo du die Male gezählt und damit geprahlt hast.«

»Du redest bloß! Du behauptest, prinzipiell zu denken, kannst aber nicht danach leben. Du gibst vor, eine freiheitliche, moderne, neue Frau zu sein, aber du versuchst, mich zu beherrschen. Eifersucht ist Besitzenwollen, Mädchen. Laß das, es nützt nichts, der Mann tut doch, was er muß.«

»Du sollst es nicht tun, sollst diesen schmutzigen Frauen nicht nachstellen, mich nicht betrügen. Tatsächlich, ich vertraue niemandem.«

»Du vertraust vor allem erst einmal dir selbst nicht, und dann allen anderen ebenfalls nicht.«

Eines Tages komme ich bei seiner Firma vorbei. Eigentlich wollte ich Gürkan nicht am Arbeitsplatz besuchen, aber nun soll es eine Überraschung sein. Im Vorzimmer sitzt eine Blondine, ein hochgewachsenes, stark geschminktes, sehr hübsches Mädchen. »Bitte, Sie wünschen«, fragt sie. »Ich bin die Frau von Herrn Gürkan, kann ich ihn sprechen?« »Sie können eintreten.«

Mein Herz klopft zum Zerspringen. Mein Gesicht hat Gott weiß was für eine Farbe. Vor Nervosität beiße ich die Zähne zusammen. Ich versuche, dem Mädchen zuzulächeln, während ich hineingehe. Ich gebiete mir selbst, die Ruhe zu bewahren.

Warum regst du dich denn auf, was kann denn normaler sein, mach bloß keine Eifersuchtsszene wie die Schönen aus der Vorstadtsiedlung, du bist auf Erden nicht die einzige Frau. Da der Mann völlig unschuldig ist, hast du kein Recht, ihn am Arbeitsplatz mit so etwas zu belästigen, also lächle entspannt, schließ die Tür und sag lustig: »Surprise!!!«, das reicht.

Ich schließe die Tür hinter mir, lehne mich mit dem Rücken daran und zische wie eine Schlange zwischen geschlossenen Kiefern hervor: »Angeblich ist sie doch ein ganz häßliches Ding.« Ich zittere wie Espenlaub. Er steht hinter dem Tisch auf und kommt lachend auf mich zu: »So war sie wirklich, aber du kennst doch die Frauen, Haarfarbe, Make-up, ein bißchen Pflege, das macht was aus ihr«, sagt er.

»Wie kannst du mir das antun, wie kannst du mir das nur antun«, sage ich, und aus verkniffenen Augen funkele ich ihn an. Er wird wütend. »Was habe ich denn getan, Schatz, red doch keinen Unsinn.«

»Also ich rede Unsinn! Was wirst du denn noch machen? Das hatte ich von dir nicht erwartet, du Dreckskerl.« Als ich gehe, knalle ich die Türe zu. Das Mädchen starrt mir nach, Gürkan ebenso.

Abends kommt er sehr ruhig heim. Umarmung und Küßchen, als sei nichts vorgefallen. Da er sich so still verhält, muß er folglich mit dem Mädchen etwas haben, sonst wäre er mir ja böse oder würde mir wenigstens eine Szene vorspielen. Während er im Bad ist, durchsuche ich seine Taschen, sein Portemonnaie, rieche an seinem Hemd. Nichts. Auf dem Jackett finde ich ein Haar, das aber ganz kurz ist, während die Haare des Mädchens lang sind. Es kann auch Gürkans eigenes Haar sein, die Farbe ist unbestimmt.

Plötzlich erfaßt mich Scham, ich bin beschämt über das, was ich da tue. »Vertrauen sollte ich haben, die Menschen lieben«, schluchze ich heraus und heule.

»Gürkan ist sowieso in Ankara«, hatte Mehmet gesagt. »Laß uns die Arbeit unterbrechen und irgendwo etwas essen.« »Los«, hatte ich erwidert und gleich darauf ein Restaurant am Strand gefunden. Jetzt sind die Gläser schon zum zweitenmal leergetrunken, und wir haben die Welt vergessen über unserem Gespräch. Wieviel gibt es doch zu reden mit Mehmet, er ist ein sanfter, lieber Junge, der erste Mensch, der meine Augenfarbe genau bestimmt. Selbst ich habe nichts gewußt von dem Grün und Violett darin, den Bergen und Hügeln.

Es ist nach zehn. »Mehmet, glaubst du, wir können in diesem Zustand noch arbeiten?« frage ich. »Warum nicht, bist du nicht toll in Form?« sagt er. »Na, denn mal los!« Er parkt seinen Wagen vor unserem Haus. Wir gehen nach oben, und ich mache uns einen Mokka. Er breitet die Papiere, die Stifte aus. Ich hocke mich neben ihn. »Weißt du, wieviele Bewunderer du in der Firma hast, alle sind in dich verliebt«, sagt er. »Komm mein Lieber, nimm mich nicht auf den Arm«, sage ich. »Doch«, sagt er und schaut auf meine nackten Füße. »Deine Füße, deine Augen, deine Haare... Du bist so schön, aber anscheinend weißt du das nicht«, sagt er.

Ich erschauere innerlich, mein Blick wird unsicher, bestimmt bin ich rot geworden. Seit Jahren habe ich solche Worte nicht mehr gehört, vielleicht sogar überhaupt noch nie. Er schaut mich derart an... Sind seine Augen wohl grün? Er legt mir die Hände auf die Haare und streichelt sie. »Du bist so süß.«

Mein Herz rast, ich fürchte, man könnte sein Klopfen hören, und schäme mich. Habe ich diese Gefühle, diese Erregung schon früher einmal gespürt? Ich glaube nicht.

»Was mir noch gefällt an dir«, sagt er, »du gehst deinen Weg, ohne darauf zu achten, daß alle dir am Zeug zu flicken versuchen. Du bist stark, bist natürlich. Weißt du, daß dies das Besondere an dir ist: du bist so natürlich, daß der Mensch Angst kriegt vor dir und sich unzulänglich vorkommt. Ich könnte dich mit deinen geliebten Katzen vergleichen, die kratzen, wenn sie keine Lust haben, aber, wenn es ihnen danach zumute ist, streichen sie den Menschen weich um die Beine.«

Bin ich wirklich so? Und wenn es wahr ist, warum hat das früher niemand bemerkt?

Nachdem er etwas geschrieben und gezeichnet hat, geht Mehmet. Diese Nacht kann ich nicht schlafen in meinem leeren Bett. Auf dem Kopfkissen neben mir liegt Gürkans Markenpyjama, der Duft seines Aftershave schwebt im Zimmer; aber ich muß an Mehmet denken mit seinen Bluejeans, dem zerdrückten T-Shirt und den strubbeligen Haaren. Die ganze Nacht denke ich an ihn.

Am anderen Tag sage ich: »Los, wir gehen zu uns, trinken überhaupt keinen Alkohol und arbeiten wie die Verrückten. Wir haben schließlich keine Zeit mehr.« Özcan schließt sich an. Mehmet telefoniert nach Hause, wir nehmen uns etwas zu essen mit und gehen zu uns.

Ich kann mich nicht konzentrieren. Sobald ich aufblicke, begegne ich Mehmets Augen. Er sagt dauernd etwas Komisches. Das lenkt mich ab, und ich bin unheimlich lustig. Schließlich sagt Özcan: »Kinder, ich gehe; offenbar muß ich gehen«, und steht auf. Ich bringe es nicht über die Lippen zu sagen: »Warum gehst du denn, bleib da, wir haben ja noch überhaupt nichts geschafft.« Die Luft ist derart elektrisch aufgeladen, daß Özcan einfach gehen muß.

Mehmet sagt: »Dieser Özcan ist wahnsinnig verliebt in dich, weißt du?« »Nein, du Kamel.« »Doch, jeder ist verliebt in dich, sogar Faruk Bey hat einen Narren an dir gefressen.«

Er legt mir die Hand in den Nacken... Er ist mir nahe... sehr nahe... Sein Mund ist über meinem Ohr, er flüstert etwas... Er küßt meinen Nacken, streichelt meinen Hals, küßt meine Haare, streichelt meine Füße... küßt, wir küssen uns... Meine Handflächen, Arme, Knie, den Nacken, meinen Rücken, meine Brust... meine Lippen. Das dauert eine Ewigkeit. Und nach dieser Ewigkeit fängt er an mich auszuziehen, küssend, schnuppernd, streichelnd. Das dauert wieder eine halbe Ewigkeit. Und dann umarmt er mich, langsam, von vorne und von hinten, von der Seite, von den Fußspitzen bis zu den Haaren, und wieder vergeht eine Ewigkeit. Als lebte ich schon nicht mehr hier, sondern in einer anderen Zeit, auf einer anderen Erde, wo ich etwas tue, das ich früher nie getan, ein nie erlebtes Erlebnis erlebe...

Als hätte ich früher noch nie mit einem Mann geschlafen. Ich habe Ort und Zeit vergessen. Und er streichelt noch immer. Und ich bin der Ohnmacht nahe und kurz davor, Schreie auszustoßen.

Nach genau zwei Ewigkeiten fühle ich es innerlich. Es erschüttert mich viele Male und hört nicht auf. Ich komme viele Male zum Höhepunkt, und er macht mit immer der gleichen Ruhe weiter. Und zuletzt, nach zehn Ewigkeiten, kommt er auch. »Mein geliebtes Leben.« Sagt er das nun oder ich?

47

Meine Mutter ist krank. Die Ärzte sagen, es seien die Nerven. Wie seltsam, aber nach dem Tod meines Vaters hat meine Mutter nicht ein Mal gelacht. Sie schmilzt dahin. Wenn ich die beiden nicht gekannt hätte, würde ich sagen, es ist, weil sie Vater wahnsinnig geliebt hat. Wir ziehen von Arzt zu Arzt. Meine Schwester, die den Schauspieler auf seiner Tournee begleitete, habe ich telefonisch herbeigerufen. Wir haben die Mutter in ein großes Krankenhaus zu bedeutenden Chefärzten gebracht, und da liegt sie jetzt. Lunge, Herz, alles wurde gründlich untersucht, und die bedeutenden Ärzte des großen Krankenhauses haben einen gründlichen Bericht erstellt. Sie hat nichts. Meine Schwester und ich haben uns unendlich gefreut, denn wir hatten schon mit dem Schlimmsten gerechnet. Wir haben Mutter aus dem Krankenhaus nach Hause gebracht. »Mußt du gleich wieder in die Arbeit?« hat sie gefragt. »Ja, heute ist ein dicker Tag; dir fehlt ja nichts, ruh dich aus, und abends komme ich vorbei«, habe ich gesagt. Sie schaute mir traurig nach. Nach Ansicht der Ärzte macht sie Kapricen, weil sie nicht alleine sein kann, weil ihre Nerven kaputt sind.

Abends auf dem Heimweg gehe ich gewöhnlich bei ihr vorbei und schaue, ob ihr Licht brennt. Manchmal gehe ich nicht rein, wenn es schon spät ist und Gürkan zu Hause auf mich wartet. Ihre Einsamkeit bedrückt mich. Was macht sie jetzt, wie ein Kind ganz allein und angstvoll. »Aber sie muß sich daran gewöhnen«, sage ich mir. »Jeder meint das, selbst die Ärzte.« Meine Schwester ist, da unserer Mutter nichts fehlt, fröhlich wieder zu ihrem Mann zurückgefahren.

Mutter hat sich ein bißchen erholt. Wahrscheinlich hat das Untersuchungsergebnis, das ihr Gesundheit bestätigte, doch etwas bewirkt. Am Sonntag kam sie zu mir, und mit einem Mal stand sie in der Küche und briet Fisch, den sie mitgebracht hatte. »Um Himmels willen Mama, ich hasse Fischgeruch, in diesem Hause wird kein Fisch gebraten!« Ich zog ein Gesicht und verließ die Küche.

Plötzlich geht es meiner Mutter schlechter. Neulich bekam ich einen Anruf aus einer Apotheke, sie sei auf der Straße gefallen und habe sich am Kopf verletzt. Als ich komme, sitzt sie betreten mit verbundenem Kopf in der Apotheke. Es tut ihr leid, daß man mich rufen mußte; wie eine schuldige Katze kauert sie sich zusammen.

»Auf diese Weise bin ich schon öfter gefallen, aber ich wollte es euch nicht sagen, damit ihr euch keine Sorgen macht«, sagt sie. Nachts könne sie auch schlecht schlafen, hätte Angstträume, alles täte ihr weh. Was könnte das bloß sein? »Mami, mir tut es auch überall weh; das ist die Krankheit unserer Zeit«, sage ich. »Hoffentlich«, sagt sie.

Ich rufe Gürkan an, und wir drei gehen zum Essen aus. Ich schleppe meine Mutter noch zu einem weiteren berühmten Arzt, der eine Nervenentzündung konstatiert, die in einer neurologischen Klinik schneller ausgeheilt werden könne. Also liegt sie jetzt dort. Sie ist dermaßen abgemagert, daß sie mir im Nachthemd in ihrem Klinikbett wie ein Kind vorkommt. Ich besuche sie jeden Abend.

Der Klinikchef meint: »Ihre Mutter hat keinen Lebenswillen mehr. Sie müssen ihr Kraft geben, etwas tun, das sie ans Leben bindet.«

Mutter sitzt nicht mal mehr im Bett, immer liegt sie. Beim letzten Mal öffnete sie nicht mal die Augen. Ich kuschelte mich an sie und fing an, ihre Haare zu streicheln. »Mama, schon lange waren wir drei nicht mehr richtig beisammen. Meine Schwester und ich haben beschlossen, dich hier rauszuholen und eine lange Reise zu machen, wir drei, ans Meer, da bleiben wir einen Monat, immer miteinander, du amüsierst dich doch gerne. Los, werd schnell gesund, dann fahren wir mit dir in den Urlaub.«

Ich versuche etwas zu sagen, das sie ans Leben bindet, aber sie scheint mich nicht zu hören. Sie schlägt die Augen nicht auf.

Am anderen Tag sagte mir der Klinikchef: »Hat man bisher nie die Leber Ihrer Mutter untersucht? Sie ist stark vergrößert.« Ich ließ drei Kapazitäten hinzuziehen. »Ja, die Leber, es tut uns leid«, sagten sie.

Was heißt das: »Es tut uns leid?« Bis heute hatten eine ganze Reihe Ärzte meine Mutter untersucht, und keinem war die Leber aufgefallen. War sie nicht als gesund aus dem Krankenhaus entlassen worden? Der Arzt sagte noch einmal: »Es tut uns leid. Man kann nichts mehr machen, es ist zu spät.«

»Sind Sie verrückt, was heißt zu spät, wir schleppen sie seit Monaten von Arzt zu Arzt. Damals war es noch nicht zu spät, als man uns mit »Sie hat nichts« betrog. Warum hat man uns in falscher Sicherheit gewiegt?« Ich trommele mit den Fäusten auf die Brust des Arztes ein.

Der Klinikchef gibt mir eine Beruhigungsspritze und ruft Gürkan an, der mich nach Hause bringt.

Nun spricht meine Mutter überhaupt nicht mehr, sie liegt nur noch da, als sei sie uns allen böse. Ich rede mit ihr, versuche ihr alles zu sagen, was ich bisher nicht konnte. Wenn sie noch einmal gesund würde, wollte ich bis zum Lebensende mit ihr zusammenwohnen, ihre Freundin sein.

Die Schwester kommt mit einem Wattebausch und fragt mit abgewandtem Blick, ob ich meiner Mutter den Nagellack entfernen möchte. Das, das hatte doch irgendeine Bedeutung. Aus religiösen Gründen machte man das doch, wenn... Meine Kehle krampft sich zusammen. Ich darf jetzt nicht weinen, damit meine Mutter keine Angst bekommt. Also versuche ich den Kloß im Hals herunterzuschlucken und beginne, ihr die Nägel abzuwischen.

Sie rührt sich nicht. Man hört sie kaum noch atmen. Der Klinikchef kommt und legt mir die Hand auf die Schulter. »Sei tapfer.«

Wie Regen stürzen meine Tränen. Lange, lange weine ich neben ihrem Kopfende zusammengekauert, ohne einen Laut von mir zu geben. Warum habe ich dich an dem Tag, wo du aus dem Krankenhaus kamst, alleine gelassen und bin in die Arbeit gegangen? Warum hast du mich nicht zurückgehalten? Warum habe ich ein Gesicht gezogen, als du den Fisch brietest? Wenn du doch aufstehen könntest, dann würden wir miteinander Fisch braten bei mir und uns nie mehr trennen.

Meine Mutter scheint nicht mehr zu atmen, das Gesicht ist schneeeweiß, manchmal fährt sie leicht zusammen. Ich stehe neben ihr, weder Arzt noch Schwester kommen ins Zimmer.

Meine liebe, schöne Mutter, wir sind ja noch nicht mal richtig Freundinnen geworden, haben uns noch nicht wirklich verstanden. Öffne deine Augen, einmal nur, ich muß dir noch so vieles sagen, einmal noch schau mich an, bitte. Noch immer beherrsche ich mich, um nicht vor ihr loszuschluchzen, aber der Kloß im Hals wird immer größer und platzt gleich.

Der Klinikchef kommt, zieht mich am Arm und sagt: »Jetzt gehen wir mal raus hier.« »Stirbt sie?« frage ich. Er nickt.

Meine Mutter atmet tief ein. Hat sie Schmerzen? Mitternacht ist vorbei. Ich weine wie ein Kind. Ich muß sie sterben lassen. Sie soll nicht länger leiden, sie hat ja so viel gelitten in ihrem Leben. Du darfst sterben, Mutter, ich halte dich nicht fest.

Sie regt sich nicht mehr... atmet nicht mehr. Ich umarme sie, streichele ihre weichen Haare und küsse ihre eingefallenen Wangen so oft wie nie in meinem Leben. Ich spüre, wie jemand mich von ihr wegzieht.

Was soll ich jetzt machen?

48

Seit meine Mutter tot ist, fühle ich mich sehr alleine. Ich suche eine Schulter zum Anlehnen, zum Ausweinen. Niemand versteht das, niemand fragt überhaupt danach. So viel wäre noch zu besprechen gewesen, so vieles bereue ich auch. Daß ich dich so oft alleine gelassen habe, daß wir so wenig zärtlich waren miteinander...

Jetzt spüre ich am Abend vor dem Einschlafen, wie du kommst und mir Haare und Gesicht streichelst. Wie ein leichter Wind berührst du meine Haare, mein Gesicht. Ich werde es niemandem sagen. Verlaß mich nicht. Ich brauche Zärtlichkeit.

49

Es wird eine neue Abteilung gegründet, und ich soll sie leiten. Ich traue meinen Ohren nicht. Als Faruk Bey mir dies eröffnet, werde ich knallrot und meine, vor Freude auf der Stelle tot umzufallen. Es wird eine Abteilung mit sehr viel Arbeit, viel Publikumskontakt und häufigen Reisen sein.

Bisher hat mir, Şermin und Zerrin eingeschlossen, noch kaum jemand gratuliert außer Teoman, Mehmet und einigen Kollegen. Özcan ist stinksauer. Er ist eigens zum Chef gelaufen und hat erklärt, daß eine Frau für so eine schwere Aufgabe nicht geeignet sei. Zuletzt kam Özcan aber doch, um zu gratulieren. Ich saß gerade mit Şermin und Mehmet zusammen.

»Herzlichen Glückwünsch«, sagte er. »Du hast den Vorteil des Frauseins genutzt; ziehst dich schick an, wirfst den Männern Schmachtblicke zu, sitzt mit offenen Beinen da, und so wickelst du die Kunden ein und holst der Firma Aufträge.«

»Özcan, wann hast du mich je mit Schmachtblicken und offenen Beinen Männer becircen gesehen?«

»Du hast ja offensichtlich schon jemanden becirct, so daß die Entscheidung für dich ausgefallen ist, und von jetzt an wirst du noch eine Reihe anderer becircen, denn das erwartet man von dir. Warum ist denn kein Mann ausgewählt worden? Oder, wenn wir das mal beiseite lassen, eine Frau, die sich hier seit Jahren abschuftet, wie zum Beispiel Şermin? Weil es eine schöne, kokette Frau sein sollte.« Ich schaue zu Şermin hin, was sie wohl dazu sagt, doch die ist schon ohne ein Wort aufgestanden und türenknallend verschwunden. Ich erwidere nichts. Kann es wirklich sein, daß ich ausgesucht wurde, weil ich »schön« bin?

»Sei nicht traurig, Özcan, du wirst bestimmt auch irgendwann Direktor. Faruk Bey mag dich auch sehr gerne, das weißt du.«

»Ja, Schatz«, sagt er, »aber so wie dich liebt er mich nicht.« Auch er knallt die Tür beim Rausgehen.

Es tut mir derart leid, und ich bin auch verblüfft, daß Zerrin, Şermin und Özcan sich nicht mir mir freuen können. Am liebsten möchte ich meinen Direktorenposten in ein kleines Päckchen mit Schleife einpacken und ihn Özcan schenken. Ich könnte sicher wieder einen bekommen.

50

Gürkan ist nach Europa geflogen. Er wird zehn Tage wegbleiben. Wir haben uns zu Hause mit Küßchen auf die Wange verabschiedet. Ich hätte ihm etwas sagen wollen, aber was? Er hatte keine Zeit, mußte gleich los.

»Wir sollten uns aussprechen«, sagte ich. »Was gibt's denn zu reden? Das hat Zeit«, sagte er und ging. Vom Balkon aus schaute ich ihm nach. Als er das erste Mal ins Ausland flog, habe ich ihn zum Flughafen begleitet. Wir haben uns fest umarmt und uns vor allen Leuten geküßt wie im Film. Ich habe gewartet bis zum Start und dann auf dem Heimweg bitterlich geweint. Habe nicht gewußt, was ich in den drei Tagen tun soll. Wie sollte ich zu Bett gehen und schlafen ohne ihn? Dauernd hörte ich Nachrichten, ob es einen Flugzeugabsturz gegeben hat. »Und wenn etwas passiert? Wenn er den Mädchen nachschaut, eine andere Frau findet?« habe ich damals gedacht. Und wie ich ihn empfangen habe am Flughafen! War das nicht Liebe? Und wenn es Liebe war, warum ist sie jetzt zu Ende? Wenn es zu Ende ist, war es vielleicht keine Liebe. Oder es war Liebe, aber sie ist nun zu Ende. Nein, es gibt keine Liebe. Aber jetzt, mit Mehmet, was ist das?

Mehmets Frau hat angerufen, sie fühle sich alleine und bedrückt, ob ich nicht zu ihnen zum Essen kommen wollte. Sie hätte gekocht, was ich gerne äße. Ich erzähle es Mehmet. Er schaut mich traurig und liebevoll an wie ein gezähmtes Wolfshundejunges und fragt: »Kommst du?« »Ja«, sage ich.

Wirklich hat sie meine Lieblingsgerichte zubereitet. Ein warmes, schönes Heim, unprätentiös, schlicht eingerichtet. Das Kind begrüßt mich an der Tür, hängt sich mir an den Hals. Alle drei bemühen sich um mich, wollen es mir gemütlich machen. (Bemüht euch nicht, ich bin schon glücklich, bin nicht allein, ich liebe Mehmet, deinen Mann, deinen Papa. Er liebt mich ebenfalls. Euch liebe ich auch.) Jetzt sitzen die drei mir gegenüber auf dem Sofa, das Kind in der Mitte. Wie auf einem Bild. Sie sind so gut zu mir. Die Frau schaut mich lachend an. »Ich gehe jetzt«, sage ich, »vielen Dank, alles war wunderbar. Wenn du willst, besuch mich auch mal. Aber so gut wie du koche ich bei weitem nicht.«

»Zu dieser Zeit kannst du doch nicht mehr alleine heimfahren. Wenn du willst, übernachte hier. Oder Mehmet bringt dich.« (Wa soll das heißen, Frau, nimmst du mich auf den Arm?) Meine Stimme ist jetzt eiskalt. »Nein, ich kann alleine fahren, ich gehe jederzeit überall alleine hin.« Mehmet kommt mit mir runter, umarmt mich und sagt: »Sei nicht traurig, Liebste, das ertrage ich nicht.« Er hat gemerkt, daß ich traurig bin. Bloß weiß ich selbst nicht, worüber. Vor der Tür bleiben wir eng umschlungen stehen. Im dritten Stock ist ein Schatten am Fenster zu sehen, ein großer, deutlicher Schatten. Ich umarme Mehmet, und alle können uns sehen, die Nachbarn, der Nachtwächter, die Kinder, der Schatten ... Die ganze Stadt soll uns sehen.

51

»So, nun laß dir endlich diese Spirale rausnehmen, damit wir ein Kind kriegen können. Schau, unsere Lage hat sich verbessert. Jetzt ist die richtige Zeit gekommen.« (Ein Kind? Unsere Lage hat sich verbessert? Welche Lage? Im Vergleich zu früher? Berühren wir uns noch gegenseitig? Sprechen wir noch miteinander? Mögen wir uns? In welchen Punkten verstehen wir uns überhaupt? Haben wir gemeinsame Interessen, gemeinsame Freuden? Unsere Lage hat sich verbessert? Ah, die finanzielle Lage, richtig, für dich bedeutet die Verbesserung der Lage, mehr Geld zu haben.

»So, nun laß mich endlich Vater werden, ja?«

(Dich Vater werden lassen, mal sehen, ob ich selbst Mutter werden möchte. Meine Gedanken, meine Wünsche, meine Probleme – hast du über die nur einmal, und sei es eine halbe Sekunde, nachgedacht? Du willst, ich soll dir ein Kind schenken und dich so zum Vater machen. Ich soll die wahre Pflicht meines Frauseins erfüllen; mein Bauch soll dick und dicker werden – dann kannst du mich während der Schwangerschaft betrügen; ich soll immer dick bleiben, zu arbeiten aufhören, bloß für das Kind dasein, für seine Krankheiten, seine Erziehung, seine Schwierigkeiten; soll mich selbst vergessen. Du kommst jeden Abend heim, streichelst das Kind, manchmal schreist du es auch an, es solle still sein, du seiest müde. Und so erlebst du die Freuden des Vaterseins und ich den Schmerz des Mutterseins.)

»Hast du nicht damals bei der ersten Schwangerschaft das Kind gewollt, aber ich habe gesagt, wir sind ja noch jung, und so haben wir abtreiben lassen? Du willst doch wieder eins, nicht wahr?«

(Wir nicht, *ich* habe abtreiben lassen, Gürkan. Jenes Kind hätte ich gewollt, aber dein Wille, weil du der Mann warst, hat sich durchgesetzt. Ja, das Kind hätte ich damals gewollt, weil ich glaubte, es sei richtig so, weil man uns das so gelehrt hatte. Du heiratest, kriegst gleich ein Kind, hast ein Heim und eine Familie und wirst eine glückliche Frau. Du spielst die glückliche Frau. Bei der Hochzeit denkst du noch nicht daran, daß dieser Mann dir später einmal ganz fremd sein wird, daß du den geliebten, vertrauten Menschen in ihm eines Tages nicht mehr wiedererkennen wirst, daß du dich von ihm trennen willst. Und weil ich das alles nicht voraussah, meinte ich, wir müßten ein Kind haben. Man hatte uns gelehrt, daß die heiligste und einzige Pflicht der Frau die Mutterschaft sei. Lediglich Frauen, die nicht Mutter sein können, stürzen sich ins Berufsleben und treten mit den Männern in Wettstreit, um diesen Mangel zu kompensieren. Diese Frauen, die den Penisneid nicht überwinden können, versuchen sich aus einem Minderwertigkeitsgefühl heraus ständig zu beweisen. Das Berufsleben ist für sie die beste Gelegenheit, und deswegen stehen sie ständig im Wettstreit mit den Männern. Sagen das nicht sogar die Wissenschaftler?

Ja, damals habe ich ein Kind gewollt, weil ich dachte, es müßte so sein. Frau, Heirat, Kind war mir als unauflösliche Dreiheit vermittelt worden. Zum Kuckuck mit den Wissenschaftlern, die behaupten, bloß weil ich keinen Penis habe, bloß aus diesem Gefühl des Mangels heraus versuchte ich, mich mit der Arbeit selbst aufzubauen, größer zu werden. Wenn das wahr ist... Gut, daß ich so früh gemerkt habe, daß ich keinen Penis habe. Wenn die anderen Frauen das doch auch merkten!)

»Laß es uns planen. Das Kind sollte im April geboren werden. Warum schweigst du? Willst du etwa kein Kind gebären?«

»Ich schweige nicht. Ich werde nicht gebären. Und auf jeden Fall wirst du nicht der Vater meines Kindes sein.«

52

Mehmet und seine Frau, Gürkan und ich gehen miteinander zum Essen aus. Mehmet und ich wollen unsere Liebe vor niemandem verstecken, alle sollen es wissen, verstehen. Wir sitzen uns gegenüber. Mein Fuß ist zwischen seine Füße geschlüpft. Wir schauen uns an. Gürkan spricht mit Mehmets Frau. Die beiden wissen jetzt auch, wie es mit uns steht.

»Gürkan, laß uns ins Konzert gehen, es soll sehr schön sein.«

»Ich will nicht, ich bin müde.«

Er hebt nicht mal den Kopf von der Zeitung.

»Komm doch, bitte.«

»Ich will nicht, habe ich gesagt.«

(Wenn du nicht willst, was mache ich dann mit der zweiten Karte?)

»Los, laß uns gehen, wie früher, los.«

(Was versuche ich denn da zurückzuholen?)

»Nein!«

Ich wähle Mehmets Nummer, wobei ich Gürkan wild anstarre. »Gehst du mit mir ins Konzert? Ich habe Karten.« »Sofort«, sagt er. Er holt mich ab, und wir gehen los.

Mehmets Frau hatte angerufen, um etwas mit mir zu besprechen. Wir trafen uns zum Mittagessen. »Glaub mir, ich mag dich sehr«, sagte sie. Was für eine nette Frau. »Aber Mehmet liebe ich, und unser Kind.« »Ich liebe Mehmet auch«, sagte ich. Wie konnte ich das zu seiner Frau sagen. Liebe, du vernebelst dem Menschen wirklich den Blick…

»Ja, aber wie soll das weitergehen, was wollt ihr machen? Wir lassen uns auf keinen Fall scheiden, das will ich nicht und er auch nicht.« »Ob ihr euch scheiden laßt, interessiert mich nicht, das ist euer Problem. Aber ich liebe ihn, und bis die Liebe endet, werde ich mit ihm zusammensein, das kann niemand verhindern.« Sie fing an zu weinen. »Weiß das dein Mann?« fragte sie. »Wahrscheinlich. Wir haben bloß noch nicht darüber gesprochen.« »Ich habe ein Kind, wir haben ein Kind, stell dir das doch mal vor, das kannst du doch nicht machen«, sagte sie. »Ich liebe ihn auch, und zwar sehr. Jeder lebt sein eigenes Leben, kein Mensch kann dem anderen helfen. Ich kann nichts für dich tun«, sagte ich.

Mir hilft auch keiner. Jeder weiß nun Bescheid. Wir verstekken unsere Liebe ja nicht, weil wir uns ihrer nicht schämen. Insofern betrügen wir auch niemanden.

Allerdings verhalten sich in der Firma mir gegenüber alle komisch, zu Mehmet sind sie jedoch wie früher. Manche streichen ihm sogar über den Rücken, als wollten sie sagen: ›Gut gemacht, daß du dir die Frau geschnappt hast.‹ Zu mir hingegen ist niemand wie früher, sogar die Freunde halten sich zurück. Faruk Bey rief mich und sagte: »Ich weiß, was los ist, paß auf! Ich mag dich, aber möglicherweise kann auch ich dir nicht helfen.« Ich solle Mehmet aufgeben. Wenn nicht, würde es schlimm für mich. Hier am Arbeitsplatz gäbe es gewisse Regeln...

(Wenn es diese Regeln gibt, weshalb befolgen Sie sie dann nicht? Wie wäre es, wenn ich Mehmet verließe und mit Ihnen zusammen wäre? Besteht denn das Verhältnis mit Zerrin nicht mehr? Gelten die Regeln am Arbeitsplatz nicht für jeden? Paßt sich etwa der Firmeninhaber mit seinen Hotelzimmern und Tausenden von Geliebten diesen Regeln an? Der ist auch verheiratet! Sie sind es ebenfalls. Ich vernachlässige meine Arbeit nicht, im Gegenteil. Was geht Sie meine Liebe zu Mehmet an? Welches Recht haben Sie, mich unter Druck zu setzen? Das ist mein Privatleben, und wenigstens hierin müßte der Mensch frei sein.)

»Ihr seid beide verheiratet, und wenn die Ehegatten es erfahren, wird es schlimm; zuletzt erfahren sie es ja doch«, sagt er. Ich schaute ihn haßerfüllt an. »Jeder kann es erfahren, aber das Seltsame an der Sache ist, daß unsere Partner schon informiert sind.« Er war von den Socken.

Dann ließ er Mehmet rufen und bearbeitete ihn ebenfalls. Ich habe mich mit Mehmet früh um sieben irgendwo getroffen. Wir trinken Tee. Was sollen wir tun? Ich will ihn nicht verlieren, nicht wegen anderer Leute auf ihn verzichten. Ich kann nicht leben, ohne hundert Mal am Tag sein »Ich liebe dich« zu hören.

Mehmet fällt keine andere Lösung ein, als zu kündigen. Wenn er weggeht aus der Firma, verstoßen wir wenigstens nicht mehr gegen die Regeln des Arbeitsplatzes. Dann kann mir niemand mehr reinreden, niemand mehr Druck auf mich ausüben.

Mehmet hat die Firma und seine Wohnung verlassen und ist in eine weit entfernte Stadt zu seinem Vater gezogen. Jeden Tag kommt ein Brief. Manchmal will mir scheinen, daß selbst meine Post in der Firma kontrolliert wird, aber das kann ja nicht sein. Eines Abends hielt er es nicht mehr aus und rief mich zu Hause an. Ich war so aufgeregt, daß ich Gürkan nach dem Ende des Gespräches erklärte, ich würde für eine Weile allein in Urlaub fahren. Er lachte.

(Mensch, sag was, werde böse auf mich, stell mich zur Rede! Oder nimm mich in den Arm und sag: Geliebte, mein Leben, laß uns wieder wie früher sein miteinander, ich liebe dich.)

Ich rannte ins Schlafzimmer, holte meinen Koffer heraus, fing an zu packen und sagte: »Ich gehe.«

»Red keinen Unsinn, wohin willst du denn?«

»Ich gehe, ich gehe.«

»Wo willst du denn mitten in der Nacht hin?«

Ich fing an zu schluchzen. Mach was, Mensch, zeig eine Reaktion; sag mir, wo ich dran bin mit dir. Liebst du mich? Haßt du mich?

Mit kalter Stimme und ohne mich zu berühren sagte er: »Du hast eine schwere Zeit hinter dir, du faselst, das vergeht.«

»So? Das ist alles? Nein, ich hab's nicht schwer, ich fasele auch nicht. Ich erlebe etwas Wichtiges. Ich will intensiv leben. Sieh mal, wie ich das kostbare Parfüm verschwende, das ich mich bisher kaum zu benutzen traute, wie ich es ins Badewasser schütte. Es soll leer werden. Wenn ich sterbe, soll es für niemanden übrig bleiben. Ich fasele nicht, ich will leben, schnell und intensiv. Ich will die Welt sehen, mich in jeden verlieben. Paß auf, ich werde mit jedem schlafen, selbst wenn ich nicht will, werde ich mit allen schlafen, die mich begehren. Ich habe nicht das Recht, mich ihnen zu verweigern. Ich werde leben, alles voll auskosten. Schau mich an, schau, wie schön ich bin, bloß *du* merkst das nicht. Schau, es bleibt wenig Zeit vor dem Tod, du wirst sehen, was ich mache.«

»Setz dich mal hin«, sagt er. »Du faselst nicht, du bist verrückt geworden.«

53

Ich komme nach Hause und höre Gürkan telefonieren. »Ich habe dir das gewünschte Parfüm besorgt. Wo kann ich dich treffen?« sagt er zu jemandem. Lieber Gott, was redet dieser Mann? Mit wem telefoniert er? »Du kleines Luder, du«, sagt er. Er schäkert wohl mit jemandem? Ich sollte eigentlich noch ein bißchen lauschen, aber ich halt es nicht aus, reiße wie eine Tigerin die Tür auf, daß sie an die Wand prallt. Mein Gesicht ist entweder kalkweiß oder lila angelaufen. Vor Wut könnte ich auf der Stelle tot umfallen. »Mit wem telefonierst du?« schreie ich. »Mit Gülay«, sagt er. Wer ist denn Gülay? Ach ja, diese Professorentochter, die wir in den Ferien kennengelernt haben. »Sie läßt dich grüßen«, sagt er. »Ihre Grüße soll sie sich in den Hintern stecken, mich interessiert bloß mal, was für ein Parfüm sie benutzt«, sage ich. Gürkan hält nervös die Telefonmuschel zu, damit man meine Stimme nicht hört, dann legt er auf.

Zornig dreht er sich zu mir um. »Bist du verrückt, du sprichst ja wie ein Straßenweib; das Mädchen hat es gehört«, sagt er. »Verrückt bist du selbst, gemein, feige, ein Lügner. Was hast du mit diesem Mädchen, du Kinderverderber? Was für ein Parfüm ist das?«

»Wir haben eines Tages am Telefon darüber gesprochen, und so hat sie es bei mir bestellt, was ist dabei?«

»Wieso sprecht ihr am Telefon darüber? Warum weiß ich das nicht? Seit wann ist eure Freundschaft so eng, daß sie Parfümbestellungen einschließt, du hinterhältiger Kerl?«

»Was spielst du jetzt die Eifersüchtige, wo du die letzte Frau der Welt sein müßtest, die eifesüchtig zu sein das Recht hätte.«

»Ich bin nicht eifersüchtig, sondern wütend über deine Falschheit. Du hast mich doch darüber belehrt, daß der Mensch, selbst wenn er verheiratet ist, bestimmte Gefühle nicht unter Kontrolle bringen kann. Aber ich bin wenigstens ehrlich, nicht hinterhältig wie du. Jetzt liebe ich dich wirklich nicht mehr, jetzt will ich mich von dir trennen.«

»Trennen? Wie willst du das denn machen? Wo willst du denn hin? Du hast ja niemanden. Stell dich nicht an wie ein kleines Mädchen. Du glaubst wohl, du erlebst die große Liebe. Das geht alles vorbei, aber wir beide bleiben. Wir sind verheiratet. Und dies ist dein Heim.«

»Dies soll mein Heim sein? Macht die Ehe aus einer Wohnung schon ein Heim? Zwei Menschen, die einander fremd geworden sind, die kein Gesprächsthema mehr finden, aber miteinander in vier Wänden eingesperrt sind, die bieten sich gegenseitig kein Heim. Ich empfinde das hier als eine Pension. Und wohin ich gehe, das ist nicht deine Sache! Meine Existenz war nie von dir abhängig und wird es nicht sein. Ich will nicht die Frau des erfolgreichen Generaldirektors Gürkan Soundso genannt werden, sondern selbst erfolgreich sein. Ich bin nicht dein Geschöpf! Wir gelten als verheiratet. Weißt du, was die Ehe ist? Weißt du, wie Ehepartner sein sollen? Die Ehe ist eine Normenwalze. Man wählt zwischen Millionen Menschen auf der Welt einen einzigen, während man auf alle anderen verzichtet. Aber trotzdem sollen die Ehepartner einander total genügen und das Fehlende in keiner Weise spüren lassen. Hast du eigentlich je darüber nachgedacht, was dir alles entgeht?«

»Du bist eine verwöhnte kleine Frau, die im Delirium redet. Und dir entgeht gar nichts, du hast ein Leben, um das dich viele Frauen beneiden. Ich bin jung, habe eine Position, verdiene Geld; wir machen Reisen in europäische Länder, du kleidest dich gut, hast einen guten Umgang, was willst du mehr? Außerdem kannst du tun, was du willst, du bist frei.«

Ich halte es nicht mehr aus, bin am Zusammenbrechen. Ich möchte nur noch heulen, aber das muß ich aufschieben, weil ich dann nicht reden kann. Ich bin derart traurig, verletzt, erschüttert. Und dieser Mann versteht von allem, was ich sage, nicht das Geringste.

Ich versuche es noch einmal, mit ganz sanfter, ruhiger Stimme: »Gürkan, denk doch mal darüber nach, wo ich innerhalb der von dir aufgezählten Vorzüge bin. Wo bin ich denn? Du bist der Erfolgreiche, der Gutaussehende, der Reiche. Du nimmst mich nach Europa mit, führst mich in erlesene Kreise ein. Und was tue ich, sag mal, was tue denn ich?« Meine Stimme hebt sich, meine Trauer ist verschwunden. »Deine erlesenen Kreise kannst du dir an den Hut stecken, die sollen doch zum Kuckuck gehen. Da steht mir doch jeder Hotelboy näher. Du hast gesagt, ich sei frei. Aber ich bin frei, weil ich mich selbst für frei erkläre. Ich liebe einen anderen, der nicht mein Ehemann ist. Man droht mir mit Kündigung, und jeder schaut mich an, als wäre ich eine Hure. Ich kämpfe einen Kampf! Wo ist denn meine Freiheit? Wenn du mich zum Beispiel fragst, wohin kannst du denn schon gehen, und ich weiß wirklich nicht, wo ich hingehen soll, ist das dann Freiheit? Ist die Liebe, das Ausleben einer Liebe denn Schuld? Warum hörst du mir denn nicht zu, Gürkan? Warum versuchst du nicht, mich zu verstehen? Wir haben uns mal geliebt, aber nun ist alles aus zwischen uns.«

Jetzt weine ich endlich. Ich habe mich ins Zimmer, unser Zimmer eingeschlossen und weine. Ich bin kein Sinnbild, kein Symbol des Kampfes. Die Ehe ist ein Mahnmal der Normen, und ich bin verheiratet. Wofür kämpfst du denn? Welche Normen willst du denn brechen? Wohin ich denn schon gehen könne? Er versucht mich zu schützen, weil ich eine Frau bin, als Frau geboren. Als sei ich dadurch bedauernswert und schwach, und er müßte mir einiges nachsehen, die Augen zudrücken. Oder ich werde beschuldigt, mir wird nichts nachgesehen, er drückt kein Auge zu. Entweder erfahre ich Beschuldigung und Erniedrigung oder Nachsicht, und beides nur, weil ich eine Frau bin, nur deshalb. Hätte Gürkan erlebt, was ich erlebe, dann hätte die Mitwelt sich ganz anders verhalten. Er hätte völlig frei ein Leben zu dritt, meinetwegen zu fünft führen dürfen. Weil ich als Frau einen Ehemann habe, der einiges nachsieht, wird bei mir ein Auge zugedrückt. Man ist tolerant, hat Mitleid. Weil ich ja nirgends hingehen kann.

54

Mehmet ist wieder da. Er hat mich im Büro angerufen. Komm vor den Firmeneingang, habe ich gesagt. Da er nicht mehr bei uns arbeitet, ist dies nicht gegen die Regeln des Arbeitsplatzes. Zur belebtesten Zeit bin ich vor aller Augen in sein Auto eingestiegen und habe ihn umhalst. Wir fuhren in den Teegarten auf dem Hügel. »Halt, steig nicht gleich aus«, sagte er, nahm einen Korb vom Rücksitz und stellte ihn mir auf den Schoß.

»Das ist ein Geschenk von mir, das dich, solange es lebt, an mich erinnern soll, und das du, falls es dir nicht gefällt, weder wegwerfen noch verkaufen kannst.«

Ich klappte den Korbdeckel auf. Ein kleines, weißes Kätzchen. Was für ein süßes Ding. Ich kann's gar nicht glauben, die Katze gehört jetzt mir.

»Natürlich, sie gehört dir. Wenn du wüßtest, woher sie kommt, die Kleine.« Es ist eine Van-Katze, er hat sie dort von einem Freund besorgen lassen, der sie mit dem Bus zu Mehmet geschickt hat. Dann ist sie mit dem Auto zu mir hier nach Istanbul gekommen. Und jetzt hat sie Hunger.

Wir kaufen Milch und lassen unser Baby von der Untertasse trinken, aber selbst das kann sie noch nicht richtig, so klein ist sie. Noch nie im Leben hat mich ein Geschenk derart gefreut. Noch einmal hänge ich mich Mehmet an den Hals. Vielen Dank zu sagen kommt mir komisch vor und drückt längst nicht das aus, was ich empfinde.

Abends komme ich mit dem Kätzchen im Arm heim. Gürkan nimmt sie gleich, streichelt sie und fragt: »Wo hast du die denn gefunden?« »Mehmet hat sie mitgebracht; er hat sie von weither, von Van schicken lassen«, sage ich.

Er setzt die Katze auf den Sessel. »Ist er nicht weg?« fragt er.

»Er war weg, aber jetzt ist er wieder da, das heißt, er ist zurückgekehrt, um mir die Katze zu bringen; ich hab ja bald Geburtstag.«

Er streichelt die Katze. »Wie heißt sie?«

»Ich habe ihr den Namen Umut (Hoffnung) gegeben«, sage ich.

Meinen Geburtstag feiere ich gerne mit den Menschen, die ich mag. Ich will am Abend eine Party geben. Gürkan fragt, wer alles kommt. »Mußt du die alle einladen?« fragt er.

»Ich muß nicht, ich möchte.«

Am Abend kommen sie alle; Şermin, Zerrin, Gül, Nilay, meine Schwester und ihr Mann, Mehmet und seine Frau. Mehmets Frau hat mir ein Baumwolltop gehäkelt. »Die Farbe steht dir gut«, sagt sie, als sie es überreicht. Wirklich sehr schön gemacht, es gefällt mir, und ich küsse sie auf die Wange. Nilay kommt zu mir in die Küche: »Das ist nicht zu glauben. Du bist verrückt, ihr seid verrückt, wie konntest du dieses Top so einfach annehmen. Schämst du dich nicht? Als sei das völlig in Ordnung.«

»Nilay, denk mal nach. Es wäre einfach nicht richtig gewesen, es nicht anzunehmen. Liebe, Leidenschaft lassen sich nicht eingrenzen und dirigieren. Es passiert eben. Wer soll da schuldig sein?«

»Na gut, und wie soll es weitergehen?«

»Weiß ich nicht, ich habe keinerlei Vorstellungen.«

Jetzt werde ich die Torte anschneiden; die Lichter sind schon gelöscht, nur noch die Kerzen brennen. Während mir alle Beifall klatschen, schneide ich das erste Stück.

»Wem wirst du es geben?« fragt jemand. Es wird still. Jeder weiß ja Bescheid. Eine spannende Party. Mit Messer und Gabel hole ich ein riesiges Kuchenstück heraus, alle schauen mir gebannt zu. Ich fühle mich wie am Mittelpunkt der Welt. – Schaut alle her, wer kriegt das erste Stück?

Ich werde es mir selbst auf den Teller tun. Und genau in dem Moment kommt Gürkan mit einem tollen Paket an und sagt: »Herzlichen Glückwunsch zum Geburtstag, mein liebes Frauchen.«

(Diesen Ausdruck mag ich ja nun gar nicht. Ich will nicht einmal als seine Ehefrau vorgestellt werden. Wenn er mich vor allen Leuten sein Frauchen nennt, macht er das mit Absicht und um mich zu ärgern. Ehefrau, meine Frau, bedeutet einfach eine Verkleinerung.)

Ich nehme das Päckchen, eine bordeauxfarbene, längliche Samtschachtel in Empfang und packe aus. Eine dicke Goldkette mit Brillanten besetzt! Hat der Mann eine Bank ausgeraubt? Von Gül und Nilay hört man ein Pfeifen. Ich stehe auf, jeder schaut uns an. Ich drücke Gürkan die Hand, küsse ihm auf die Wange und bedanke mich. Vielleicht werde ich die Kette morgen zu meinen Bluejeans tragen. Paßt sicher. Ich lege die Schachtel auf den Tisch. Um meine Füße herum streicht Umut. Ich nehme das Katzenbaby auf den Arm und küsse es.

55

Gürkan spricht nicht mit mir, er erzählt nichts und fragt nicht. Gürkan kritisiert mich nicht, ist mir nicht böse. Was er denkt, fühlt, wünscht, weiß ich nicht. Aber ich kritisiere ihn, bin ihm böse, möchte mit ihm reden.

Ich weiß bloß, daß Gürkan mit mir zusammenbleiben, daß er sich nicht von mir trennen will. Ich habe das Glück, daß er mich nicht schlägt, mich nicht erwürgt, mir nicht den Hals abschneidet wie andere Ehemänner. Aber er könnte doch irgendeine Reaktion zeigen. Fragen, wie ich fühle, woraus ich lebe, warum ich ihn nicht mehr liebe. Will er das alles nicht wissen? Sind alle Männer so gefühllos? Oder nur er?

Nachts. Wie immer habe ich mich in meiner Ecke zusammengekuschelt, an dem einzigen Platz, der mir gehört. Ich wage kaum zu atmen, damit er nicht merkt, daß ich wach bin. Er rückt näher. Schiebt einen Arm unter meinen Hals, den anderen legt er über mich. Er fängt an, mich zu streicheln, mir das Hemd auszuziehen. Ohne ein Wort. Ohne ein Gefühl zu äußern. Er will bloß mit mir koitieren, mich nicht lieben. Nach zehn Minuten wird er sich umdrehen und schlafen.

Mein Herz klopft. Vielleicht wird er mich fest umschlingen, mir etwas Schönes ins Ohr flüstern, – mich langsam, lange streicheln, mich fragen, ob ich glücklich bin, ob ich überhaupt will. Vielleicht wird er auch gar nichts weiter machen, mich nur umarmen, küssen, streicheln...

Er umarmt mich. Das ist immerhin notwendig für das, was er vorhat. Ich verkrampfe mich. Mein Körper wird gefühllos. Ich spüre überhaupt nichts, weder innerlich noch äußerlich. Ich drehe ihm den Rücken zu und bewege mich nicht. Die Tränen strömen mir übers Gesicht. Ich bin völlig erstarrt. Er ist fertig.

Gürkan ist schon dabei, wieder einzuschlafen.

Um nicht zu schluchzen, halte ich an mich. Damit es mich nicht schüttelt, grabe ich die Fingernägel in die Handflächen. Ich bin erstarrt von den Zehen bis zu den Schläfen. Ich denke nach. Versuche mich an die ersten Jahre mit ihm zu erinnern, an unsere ersten Beilager. Habe ich damals vielleicht vor Lust geweint? Ich weiß überhaupt nicht mehr, wie es damals war.

Jetzt ist Schluß. Ich habe nicht vor, noch einmal eine solche Nacht zu erleben.

56

Faruk Bey hat mich rufen lassen. Ich komme. Er sieht nervös aus. Nervös und blaß.

»Leider muß ich mich dem Druck der Umwelt beugen. Jedem ist das Verhältnis mit Mehmet bekannt. Du kannst nicht länger in dieser Firma bleiben; ich kann nichts für dich tun.« Angeblich seien alle, die Özcans und Şermins, alle seien gegen mich und wollten mit mir nicht mehr unter einem Dach zusammensein.

Im Inneren spüre ich einen leichten Stich. Also deswegen hat Şermin in den letzten Tagen ein Gesicht gezogen, wenn sie mich sah. Weil sie mit mir nicht mehr unter einem Dach leben will. Özcan auch und der und jener. Also kann Faruk Bey auch nichts mehr machen.

»Wie Sie wünschen«, sage ich, stehe auf und reiche ihm die Hand.

»Möchten Sie dazu noch etwas sagen?« fragt er wie der Richter.

»Nein«, sage ich. »Wenn Sie mich wegen eines Versäumnisses im Dienst entließen, würde ich mich verteidigen, aber so habe ich nichts zu sagen.«

Şermin läßt sich nicht blicken. Sie hat die Sekretärin angewiesen, meine Sachen einzupacken. Ich soll sofort gehen. Teoman kommt. »Teoman, ich hätte es ja von jedem verstanden, aber seit wann hat denn Şermin so strenge Moralvorstellungen?«

Teoman stottert herum. »Die ist beleidigt, weil sie dir alle ihre Geheimnisse anvertraut hat, aber du hast ihr nichts von Mehmet erzählt, das ist es wohl.« Wieder ein kleiner Stich. Das soll der Grund sein? Deshalb ist Şermin jetzt nicht hier, und deshalb soll ich sofort gehen? Kann eine Frau einer Frau derart feind sein?

Teoman weint fast. »Alle Achtung, Teoman, daß du mit einem Menschen sprichst, den Faruk Bey entlassen hat, das ist sehr mutig, alle Achtung.«

»Du bist spitz. Sie haben's nicht mit dir aufnehmen können,

fühlten sich unterlegen, waren eifersüchtig. Und dabei bist dann du auf der Strecke geblieben. Vielleicht hättest du nicht ganz so spitz sein sollen?«

Dieses Mal bleibt der kleine Stich aus. »Wiedersehen, Teoman, ruf mich mal an.«

Meine Habe in einer Plastiktüte tragend steige ich ins Auto. Nehme Abschied von meiner geliebten Arbeit, an die ich so viel Mühe gewendet habe, von meiner geliebten Firma. Na dann, Gott befohlen.

Ich sei spitz, vielleicht hätte ich nicht ganz so spitz sein sollen... Wenn ich in der Arbeit nicht so ehrgeizig, nicht so eifrig gewesen wäre. Wenn nicht ich das Recht erworben hätte, auf dem Direktorensessel zu sitzen, sondern Özcan... Wenn ich mit Faruk Bey, auch gegen meinen Willen, ein bißchen mehr geschäkert hätte... Mehmet hätte ich zwar mögen, aber nichts mit ihm anfangen dürfen. Oder wir hätten uns in aller Heimlichkeit treffen müssen. Mit Gürkan hätte ich, wenn auch ohne Liebe, das Eheleben vor der erlesenen Gesellschaft weiterführen und die lächelnde, schöne, glückliche Frau spielen sollen. Ich hätte die Zähne zusammenbeißen und mit Gürkan weiter ins Bett gehen müssen. Ich hätte seine Brillantringe, seine Goldketten freudig und dankbar annehmen und tragen sollen. Ich hätte tun sollen, als sei ich glücklich. Habe ich's nicht versucht? Habe ich nicht immer wieder versucht, so zu tun, als ob ich glücklich und zufrieden sei? Jetzt habe ich endgültig keine Kraft mehr, so weiterzumachen.

Zu Hause packe ich meine Handtasche und ein paar Plastiktüten mit meinen Sachen. Ich hinterlasse Gürkan eine Nachricht: Gürkan, ich muß endlich gehen, ich habe nur wenig mitgenommen. Aber ich komme noch mal wieder und hole mir Wäsche und Kleidung, nur das, was mir wirklich gehört, was ich mit meinem eigenen Geld gekauft habe. Alles Gute.

Ich steige ins Auto. Bei nächster Gelegenheit werde ich ihm die Hälfte für dieses Auto bezahlen, so daß es dann meins ist. Und wieder spüre ich einen kleinen Stich im Inneren.

Mein Auto bringt mich zu Mehmets Haus. Ich läute. Mehmets Frau öffnet, ich falle ihr um den Hals und heule los: »Ich bin von zu Hause weg, von der Firma weg.« Sie weint auch. »Mach dir nichts draus«, sagt sie zu mir, »diese Menschen sind halt so. Sie verstehen es ausgezeichnet, andere zu richten, aber einfühlen können sie sich nicht. Mach dir nichts draus.« Sie gibt mir ein Schlafmittel, läßt mich schlafen, und danach hat sie eine Suppe gekocht, die ich essen muß. Und immer wieder sagt sie: »Mach dir nichts draus. Diese Menschen leben nicht und lassen nicht leben. Sie versuchen, den anderen zu erdrücken, zu töten. Wir sind Frauen und sollen unterdrückt sein, sollen kraftlos sein, uns ihnen anpassen, und wenn nicht, zerbrechen und schlagen sie uns, machen sie uns nieder. Mach dir nichts draus. Es kommt alles wieder in Ordnung.«

Schließlich habe ich mich von ihr verabschiedet und bin gegangen.

57

Gürkan fand mich bei meiner Schwester. Er brachte Blumen. Eigentlich wäre ja ein Brillantring fällig gewesen. Man hatte ihn gelehrt, das sei der sicherste Weg, eine Frau wieder nach Hause zu holen. »Komm«, sagte er. »Die Sache ist vorbei. Du bist blaß, siehst krank aus.«

Ich bin nicht mitgegangen. Sein Gesicht war ausdruckslos, seine Blicke eingefroren. Ich stellte mir vor, wie ich wieder im Bett mit ihm liegen, ihn umarmen, mit ihm schlafen müßte. Ich möchte ihn nicht mehr berühren, deshalb kann ich nicht mit ihm zusammensein. Ich bin ja keine Dirne.

Dann kam Mehmet. Er brachte ebenfalls Blumen. War nervös und blaß. »Was willst du jetzt machen? Was machen wir?« fragte er. Ich hatte davon geträumt, ihn zu umarmen, meinen Kopf auf seine Schulter zu legen und mich von ihm streicheln zu lassen. Ich war einfach todmüde! »Komm, laß uns zu uns gehen«, sagte er. Seine warmen, liebevollen Blicke, seine feuchten Augen, die geweint hatten und wieder weinen werden. Der Weg, eine Frau nach Hause zu holen, ist, sie liebevoll anzuschauen und »laß uns zu uns gehen«, zu sagen; so hatte man ihn gelehrt. Nur müßte es nicht heißen »zu uns«, sondern »zu mir«.

»Zu euch kann ich nicht gehen«, sagte ich.

58

Der Wohnungsvermittler läßt mich Todesängste ausstehen. Ich brauche meine ganze Kraft, um mich von ihm nicht erbärmlich einschüchtern zu lassen.

»Wollen Sie alleine einziehen?«

»Ja, im Moment.«

»Was heißt im Moment? Sie werden wahrscheinlich heiraten; sie sind sicher verlobt, nicht wahr?«

»Wahrscheinlich.«

»Sagen Sie nicht wahrscheinlich. Die Hausbesitzer, denen ich Sie empfehlen werde, nehmen nur solide Frauen. Zumindestens müssen Sie verlobt sein, falls Sie heiraten wollen.«

»Natürlich werde ich heiraten, warum nicht.«

»Gut, gut, heiraten Sie, nur zu. Und wieviel verdienen Sie?«

...

»Sie arbeiten sicher. Wie hoch ist Ihr Gehalt?«

»Mein Gehalt ist gut.«

»Wo arbeiten Sie?«

»In einer Firma...«

»Sie können doch wohl die Miete pünktlich zahlen?«

»Natürlich. Aber wissen Sie, ich denke an eine nicht ganz so teure Wohnung.«

»Selbstverständlich, meine Liebe, zeige ich Ihnen kein teures Objekt. Aber wenn eine Bestätigung von der Firma verlangt wird...«

»Lassen Sie mich erst mal die Wohnung sehen, dann spreche ich mit dem Vermieter.«

»Die Vermieter überlassen das alles uns. Ich hätte da eine Wohnung ohne jede Vorauszahlung an der Hand. Eine bessere finden Sie nicht. Die Vermieterin ist eine alte Frau.«

Ich nahm die Wohnung. Die alte Frau mochte mich gleich. Ich konnte sie überzeugen, daß ich bald heiraten würde und irgendwo arbeitete.

Ich beziehe meine Wohnung im ersten Stock. In der Nachbarschaft sind Reparaturwerkstätten, ein Gemüsemarkt, Männercafés. Die Wohnung ist völlig leer. Die Farbe blättert schon von den Wänden ab. Das Bad hat keine Wanne, nur ein altes Marmorbecken ohne Ablauf. Egal. Wenigstens ein Ort, wo ich unterkriechen kann.

Von Mehmet bekomme ich den Schrank und das Bett aus dem Kinderzimmer, das sie gerade neu einrichten. Meine Schwester gibt mir zwei alte Sofas. Die kann ich neu beziehen, das sieht dann wieder toll aus. Ich kaufe billig einen Küchentisch und zwei Klappstühle. Im Schlafzimmer spanne ich eine Schnur von Wand zu Wand und hänge meine Kleider auf, denn in den Kinderschrank paßt nicht sehr viel. Meine Schwester näht mir aus Nessel einfache Fenstervorhänge. Nilay bringt eine Topfblume, Gül ein übriges Bügeleisen, Fügen eine Tischdecke, ich habe ein paar Poster. Fertig ist die Wohnung, meine schöne Wohnung.

Die erste Nacht im neuen Heim. Ich habe niemanden eingeladen, ich wollte alleine sein mit meinem Glück. Ich mag meine Wohnung sehr. Gut, daß ich die Küchenmöbel rot angestrichen habe. Wie hübsch das aussieht. Ich gehe durch meine drei Zimmer, von denen eines ganz leer ist. Hier im Salon fehlt nur ein Lampenschirm. Oder soll ich ein Tuch um die Glühbirne drapieren? Gürkan könnte mir wenigstens die kleinen Wandleuchten aus unserem Wohnzimmer geben, die ich selbst gekauft habe. Gut, da läßt sich eine Lösung finden. Ich – werde eine Lösung finden.

Umut schläft zu meinen Füßen. Ich lege mich aufs Sofa mit einem Buch in der Hand, das ich vor langer Zeit einmal angefangen habe. Stell dir vor, du liegst am Meeresstrand im Schatten und liest dein Buch... (Damals, wenn ich mich in den Luxushotels zurückzog, um zu lesen, haben mich Gürkan und seine Freunde verspottet als Bücherwurm, als »asoziale« Frau, soll sie doch lesen!) Warum stelle ich mir denn vor, am Meer zu sein, ich bin zu Hause, in meinem eigenen Zuhause. Mit mir allein. Wenn ich will, kann ich im Bett lesen oder schlafen – sogar bei Licht. Wenn es an der Tür klingelt, kann ich einfach nicht öffnen; oder ich öffne – je nach Laune. Ich kann kochen oder es bleiben lassen, essen oder nicht essen, das ist meine Sache. Ob ich meine Kleider aufhänge oder auf den Boden werfe, ob ich laut Musik höre oder das Radio abgeschaltet lasse – das alles geht keinen was an. Kein Mensch sieht zu und kritisiert mich. Ich muß auch niemanden mehr bedienen. Ich bin frei, frei... und mache, wonach mir der Sinn steht.

59

Ich habe mich lange bemüht, einen Anwalt für die Scheidung zu finden. Schließlich suchte ich auch einen für Gürkan. Wir bevollmächtigten unsere Anwälte. Ich fand zwei Zeugen. Die Anwälte und die Zeugen gingen zu der Gerichtsverhandlung. Einer der beiden Zeugen brachte mir dann die Nachricht: »Ihr seid geschieden.« Geschieden, geschieden, also bin ich geschieden und keines Mannes Frau mehr. Endlich. Ich bin ich.

Ich fuhr mit dem Auto los und fuhr und fuhr.

In einer Druckerei bestellte ich Visitenkarten. Mit meinem eigenen Namen, meiner eigenen Adresse. »Macht schnell«, sagte ich zu dem Mann. »Ganz schnell, ich will die Karten morgen haben.«

Später ging ich zu ihm nach Hause. Er öffnete. Sehr blaß. Tat es ihm wohl leid? Er wollte mich in den Arm nehmen. »Kehrt meine Frau etwa nach Hause zurück?« fragte er und versuchte seiner Stimme einen scherzhaften Ton zu geben.

»Weißt du, ich habe es nie gemocht, wenn du mich ›meine Frau‹ genannt hast. Das hat mich immer geärgert, weil der Ausdruck erniedrigend, verkleinernd wirkt. Aber jetzt kommt er mir komisch vor. Weil ich inzwischen nicht mehr deine Frau bin.«

Als ob sein Gesicht noch um eine Spur blasser würde. Er konnte es nicht glauben. »Ist es aus?« fragte er. (Ja, hast du denn geglaubt, meine Krisen, Tränen, meine Trauer, die Rechtsanwälte, Vollmachten, alles das sei nur ein Spiel gewesen? Dann war auch die Ehe, das Zusammensein, das Ausgehen mit der herausgeputzten Gattin am Arm wohl ebenfalls ein Spiel für dich?)

»Aus, Gürkan«, sagte ich. »Ich wollte bloß meine paar restlichen Sachen holen.«

»Du holst dir keine Sachen, du hast auf nichts ein Recht. Du bist schuldig und wirst dafür bestraft. Du bist ja diejenige, die das Haus verlassen hat und gegangen ist. Wer schuldig ist, zieht aus. Du kannst nichts mitnehmen.«

Ich ging ins Schlafzimmer. Die Schmuckschachtel mit dem Brillantring, dem brillantenbesetzten Goldhalsband und noch einigen Glitzerdingern stellte ich gut sichtbar auf den Toilettentisch. Ein kleines Halskettchen, mit eigenem Geld gekauft, Wäsche, Schuhe, ein paar Kleider packte ich ein. Gürkan lehnte an der Tür. »Ich nehme nichts mit, was für dich wichtig wäre, und selbst diese Dinge lasse ich da, wenn du es so willst. Aber das mußt du endlich kapieren, Gürkan: Ich bin nicht schuldig, war es nie. Reden wir mal nicht von Liebe, aber in dem Moment, als ich anfing, dich nicht mehr zu mögen, war alles aus. Hätte ich weiter mit dir gelebt, ohne dich zu mögen, dann wäre ich wirklich schuldig geworden. Und das Schlimmste: dann hätte mich niemand beschuldigt, nur ich selbst; aber das hätte ich nicht ausgehalten. Ich bin nicht schuldig geworden, Gürkan, und ich will auch niemand anderem die Schuld geben. Vielleicht sind auch die Tausende von Frauen nicht schuldig, die bei einem ungeliebten Ehemann aushalten wie im Gefängnis. Oder sie sind die wahrhaft Schuldigen. Das weiß ich nicht, ich kenne sie ja nicht. Aber ich habe keine Schuld begangen. Das kapier' mal endlich.«

Ich ließ ihn zurück. Er war traurig. Das hatte ich nicht beabsichtigt.

60

Ich suche eine Stelle. Schaue in der Zeitung die Stellenanzeigen durch, und zwar, was es außerhalb meines Berufes gibt. Weil ich mir einbilde, daß in meiner Sparte jeder weiß, daß ich wegen eines peinlichen Vergehens entlassen worden bin. Ich möchte vermeiden, Kollegen zu begegnen. Ich fahre nicht mehr in die Gegend meines ehemaligen Arbeitsplatzes. Ein peinliches Vergehen – Benehmen mit der Arbeitsmoral nicht vereinbar... Hätte ich einen Namen, wäre ich ein bekannter Geschäftsmann, würde ich alle zusammenrufen und ein Briefing veranstalten oder eine Presseerklärung abgeben.

Ich habe nichts getan, wofür ich mich schämen müßte, ich habe mich verliebt und bin meinem Herzen gefolgt. In der Arbeit habe ich mir nichts zuschulden kommen lassen. Die Männer, unsere Vorgesetzten nennen bei uns Frauen etwas Schuld, was sie sich selbst sehr wohl erlauben. Sie dürfen diese »Schuld«

ohne weiteres begehen, wir nicht. Es gibt eine ganze Menge Leute, die am Arbeitsplatz intime Beziehungen anknüpfen, aber nur die Frauen werden dafür entlassen, beschuldigt, beleidigt, abgestempelt. Allerdings, – die Sklavinnen, die mit dem Chef schlafen, werden nicht entlassen. Wer entscheidet denn hier, wer richtet uns denn? Wer hat ihnen das Recht gegeben, uns zu richten, zu beschuldigen, zu unterdrücken, auszubeuten, zu entlassen, abzustempeln?

(Wir.)

Ach, meine geliebte innere Stimme... Wir? Wer sind wir?

(Wir Frauen.)

Ist das möglich?

(Natürlich ist es möglich. Du merkst es selbst nicht. Wer baut sich denn das ganze Leben lang immer wieder vor dir auf? Mit wem kämpfst du denn die ganze Zeit? Überleg mal: Männer – Väter, Brüder, Ehemänner, Geliebte, Direktoren, Chefs, Freunde... Nein, das geht nicht, sagen sie, bist du denn verrückt, das wird schlimm enden, sagen sie, komm, mach das nicht, du schaffst es nicht, – so wollen sie dich beeinflussen. Oder: du bist eine schlechte Frau, eine Hure, keine Jungfrau, – so wirst du gerichtet, verurteilt. Und wir, wir nehmen das hin.)

Nach langen Monaten, als das wenige Geld auf meinem Konto zu Ende geht, entschließe ich mich, mit hoch erhobenem Kopf (denn ich habe keine Schuld begangen, bin keine Hure geworden) wieder unter die Leute zu gehen. Ich muß mich entschließen. Und ich rufe Doğan Bey an, der sich manchmal nach mir erkundigt und mir eine Stelle angeboten hat.

Als ich bei Doğan Bey ins Büro eintrete, schwitze ich Blut und Wasser. Was reden die Leute aus meiner Branche in dieser Firma wohl über mich? Das ist sie, die Frau, die wegen eines peinlichen Vergehens entlassen wurde. Und jetzt kommt sie hierher, die schmutzige Frau, die böse Frau.

Ich bin schweißgebadet.

Doğan Bey drückt mir fest die Hand. »Wo steckst du denn, Mädchen, wie oft habe ich dir ausrichten lassen, du solltest mal vorbeischauen.«

Am liebsten würde ich den dicken Doğan Bey umarmen und auf seine roten Wagen küssen.

»Ach, Sie wissen schon, ich wollte mich ein wenig ausruhen.«

»Weiß ich, natürlich, und ich weiß auch, daß du fleißig und tüchtig bist. Es gibt hier eine Stelle, die genau für dich paßt. Aber wenn du dich noch ein bißchen länger ausruhst, ist sie weg, das laß dir gesagt sein.« (Soll ich Doğan Bey nicht doch auf seine roten Wangen küssen?)

»Morgen, kann ich morgen anfangen?«

»Fang morgen an und zeig, was du kannst.«

Kein Wort mehr, Doğan Bey. Sonst muß ich heulen.

61

Mit der neuen Arbeit bin ich sehr zufrieden. Ich bin Assistentin des Chefs, tatsächlich. Das Gehalt ist auch gut. Ich kann es gar nicht ausgeben. Ich esse ja kaum, und zum Anziehen brauche ich auch nichts Neues. Habe ja so viele Kleider, Schuhe. In ein paar Monaten ist mein Bankkonto gewachsen. Überhaupt, hätte ich das Konto nicht gehabt, wäre alles viel schwieriger gewesen. Dann hätte ich zum Beispiel nicht so leicht von Gürkan weggehen und die Tür hinter mir zuschlagen können. Vor allem meine Freunde, aber dann auch das Bankkonto. Einige Dinge braucht der Mensch wirklich.

Ich arbeite schwer. Aber ich kümmere mich nur um meine Arbeit und die meines Chefs. Die Kollegen hier will ich nicht gegen mich aufbringen. Sollte ich in Zukunft Direktorin werden, nun gut. Wenn nicht, ist es auch recht.

An den Abenden kommt Mehmet. Er hat einen Schlüssel. Manchmal wartet er schon auf mich, wenn ich nach Hause komme.

»Grüß dich, Mehmet. Warum hast du dir die Mühe gemacht, Essen mitzubringen. Ich hatte doch etwas da.«

»Ich dachte, wir könnten zusammen essen.«

»Ach, du willst hier essen? Wie geht es deiner Frau, deinem Kind? Na, eigentlich ist es ja fast kein Kind mehr.«

»Es geht ihnen gut. Vermutlich.«

»Was heißt vermutlich, lebst du nicht mehr mit ihnen zusammen?«

»Wir wohnen zusammen, aber so halb lebe ich doch mein eigenes Leben, weißt du.«

»Weiß ich, aber vielleicht ist es ihnen nicht recht, und sie wollen dir näher sein. Schlag's ihnen doch mal vor.«

Mehmet setzt sich neben mich. Er schaut mich lange traurig an und scheint in meinen Augen etwas zu suchen. Vielleicht ein bißchen Trauer, Tränen.

(Nein, Mehmet, kein bißchen Trauer, keine Tränen.)

»Weißt du, was Faruk Bey an dem Tag, als du gegangen warst, zu unseren Leuten gesagt hat?«

»Was denn?«

»›Woher nimmt dieses Mädchen so eine Stärke?‹ hat er gesagt.«

(Stärke? Papa, Väterchen… Bin ich stark? Ist es Stärke, an niemanden gebunden zu sein, nicht unter Führung und Aufsicht eines ungeliebten Menschen zu leben, sich selbst zu verwirklichen? Väterchen, du wolltest uns doch immer beschützen, uns ins Bewußtsein prägen, daß wir schwach seien; du hast immer Gehorsam erwartet, Papa. Gut, daß du mich unterdrückt und in die Ecke gedrängt hast, keine Zärtlichkeit gezeigt, Regeln aufgestellt, Gehorsam erwartet hast, Väterchen! Wie hätte ich sonst lernen sollen, stark zu sein. Wie hätte ich denn kämpfen gelernt?)

»Was habe ich denn Besonderes getan, um für stark zu gelten? Alle Männer tun das, was ich tue. Nur, ihnen ist es beigebracht worden, mir nicht; ihnen klatscht man Beifall, mich pfeift man aus. So ist es, Mehmet«, sage ich.

Mehmet umarmt mich, sagt mir wieder hundertmal, tausendmal, wie sehr er mich liebt. (Mehmet, Liebe heißt auch kämpfen.)

Er zieht mich auf den Fußboden und küßt mich wieder hundert- und tausendmal. (Mehmet, Liebe heißt auch, miteinander sprechen.)

Mehmet beginnt, mich auszuziehen. Und sagt wieder hundert-, tausendmal, wie schön es sei, mit mir zusammenzusein. (Mehmet, Liebe heißt nicht bloß, miteinander zu schlafen.)

Ich stehe vom Boden auf. »Geh jetzt, sie warten, außerdem bin ich sehr müde«, sage ich.

Als Mehmet draußen ist, schaue ich in den Spiegel und suche

in meinen Augen die Trauer. Ich kann sie nicht entdecken. So, so glücklich bin ich.

Ich rolle mich in meinem Bett zusammen und schlafe wunderbar.

62

Es gibt Dinge, die will ich mir selbst nicht eingestehen, und trotzdem dringen sie mir ins Hirn und machen da Lärm.

Still, still, sag's nicht, hör nicht hin.

(Mehmet erregt mich nicht mehr. Ich mag ihn nicht mehr wie früher. Er geht mir auf den Geist. Mit seiner Frau, seinem Kind, seiner neuen Arbeit, mit seinem ständigen Ichliebedich, seinen unaufhörlichen Küßchen. Aber vor allem mit seiner Unentschlossenheit, damit, daß er nicht weiß, was er will, daß er so kraftlos ist.) Still, sag's nicht, hör nicht zu.

Das gibt es ja nicht, sollte es wenigstens nicht geben. Du hast so sehr um Mehmet gekämpft, dein ganzes Leben verändert. Jetzt kannst du das alles doch nicht einfach auslöschen.

»Nein«, sage ich mir, »du hast nicht um Mehmet gekämpft, sondern um dich selbst. Alles das hast du für dich selbst getan.«

(Was war das schon für ein Kampf. Du hast die Vorschriften des Ehelebens verletzt und dich nur nach deinem Gefühl gerichtet. Wenn du das schon Kampf nennst...)

»Ja, hätte ich denn, als einmal die Liebe weg war, um den Fortbestand dieser Ehe kämpfen sollen?«

(Du hättest dich ja auch von ihm trennen können und als deine neue Liebe nicht gerade einen verheirateten Mann wählen.)

»In der Liebe gibt es keine Wahl, in jenem Augenblick war Mehmet derjenige, der auf mein Verlangen antwortete; was ich suchte, fand ich bei ihm.«

(Auf dein jetziges Verlangen antwortet er aber wohl nicht.)

»Ja, das stimmt. Und in dem Moment, wo man das einsieht, muß man sich trennen. Es gibt doch keine Garantie dafür, daß man sich ein Leben lang mögen, lieben wird. Sieh doch all die vielen unglücklichen Frauen, die bei ihren ungeliebten Männern aushalten.«

(Dann zieh es nicht in die Länge. Benutze die Menschen nicht. Man sollte auch zur rechten Zeit aufhören können. Es gibt ja noch so viel zu erleben.)

So geht unser Kampf immer weiter.

63

Wir arbeiten zu dritt in einem Zimmer, ich, Süleyman, Serhat. Serhat mag ich sehr. Langsam wird er mein bester Freund. Würde ich Mehmet fragen, ist auch Serhat in mich verliebt. Blöd eigentlich. Seiner Ansicht nach ist ein Mann in eine Frau verliebt, wenn er sich stärker für sie interessiert. Mehmet ist ein wahnsinnig konservativer Mensch. Und wenn schon verliebt, was ist dabei? Aber Liebe kann es nicht sein, die Liebe ist nicht so einfach.

Zu Serhat kommt manchmal ein junger Mann auf Krücken. Sie ziehen sich in eine Ecke zurück und flüstern miteinander. Der junge Mann auf Krücken läßt Serhat etwas da, Papiere, Mappen, und geht wieder. Er hat sich auch mit mir angefreundet. Sehr schmal, groß, wohlerzogen, ein angenehmer junger Mensch. Neulich fragte ich ihn spontan nach seinem Alter und war erstaunt, wie jung er noch ist, aber seine Haare werden schon grau. Vielleicht ist auch sein Vollbart daran schuld, daß ich annahm, er müßte älter sein als ich.

Eines Abends wollten sie in ein Weinhaus gehen. »Komm doch auch«, sagte Serhat. JMK, der junge Mann auf Krücken, schien mir zu erschrecken, aber ich bin mitgekommen.

»Die Feinde des Materialismus benutzen das Wörtchen Idealismus absichtlich mit einer moralischen Akzentuierung. Sie versuchen, die Welt als geistig, nicht materiell begründet zu erklären und wollen jedermann glauben machen, nur sie seien im Besitz der Erkenntnis, eines Ideals. Das ist Sophisterei. Der philosophische Idealismus dient im Notfall zur Verschleierung der ekelhaftesten Vorgänge. Die feierlichsten Reden über Ideale können nicht darüber hinwegtäuschen, daß lediglich die Ausbeutung akzeptabel gemacht werden soll. Das heißt, Materialismus und Idealismus lassen sich grundsätzlich nicht vereinen.

Jeder Fortschritt des Materialismus ist ein Schlag für den Idealismus. Beides schließt sich aus, und zwischen den beiden ist der Kampf unausweichlich.«

O Himmel, was redet dieser Mann? Was hatte meine einfache Bemerkung: »Ihr seid mir aber zwei recht idealistische junge Leute«, für einen Vortrag ausgelöst. Ich kannte zwar die Begriffe, hatte sie aber noch nie in diesem Zusammenhang gehört.

JMK streicht mir über die Wange. »Schäme dich nicht, kleine Frau, es ist keine Schande, unwissend zu sein, wohl aber, nicht zu lernen«, sagt er.

Wahrhaftig weiß ich noch so vieles nicht. Die Bücher, die mir JMK gibt, verschlinge ich, unterstreiche mir Stellen und lerne sie auswendig. Abends kommen JMK und Serhat zu mir. Jetzt verstehe ich schon viel von dem, was sie reden; jedenfalls kommt es mir nicht mehr wie eine Fremdsprache vor.

Das hätten sie uns im Geschichts- und Philosophieunterricht lehren sollen. Wer Menschen erzieht, dürfte ihnen nicht so viel von der Wirklichkeit verbergen. Welches Recht haben sie dazu, bloß das Erwünschte mitzuteilen, das Unerwünschte jedoch zu verbergen? Ich hätte das alles nicht erfahren, wenn ich JMK nicht begegnet wäre. Und ich hielt mich schon für wissend, weil ich eine Menge Romane gelesen hatte. Auch jetzt ist mein Wissen wahrscheinlich nicht groß, aber wenigstens arbeite ich daran.

JMK lobt mich sehr. Er ist begeistert von mir. Manchmal schaut er mich bewundernd an. Das gefällt mir, schmeichelt meinem Stolz. Er spricht so gescheit, so kultiviert, so schön! Manchmal steht er auf und verabschiedet sich: »Ich habe noch eine Rede zu halten.« Auf seinen Krücken scheint er davon zu fliegen. Wenn er weg ist, wird es still in der Wohnung.

Mehmet kommt jetzt nicht mehr, wenn er da ist. Ein paarmal waren wir alle zusammen. Aber da gab es kein Gesprächsthema. Mehmet mag JMK nicht, und umgekehrt. Wenn er kommt, ist die ganze Freude weg. JMK schaut ihn haßerfüllt an, steht auf und geht. Und dann bin ich sehr traurig, weil es mit ihm noch so viel zu reden und zu diskutieren gäbe.

»Mehmet, bitte, melde dich an, wenn du kommst. Dann kann man vermeiden, daß du mit Leuten zusammentriffst, die du nicht magst, und es kommt nicht zu solch unangenehmen Situationen.«

»Werden diese unangenehmen Leute von jetzt ab immer hier ins Haus kommen?«

»Natürlich. Aber du bist es, der sie nicht mag, ich schon. Ich mag sie sogar sehr.«

Als Mehmet gegangen ist, schmerzt mein Inneres. Was ist los mit mir? Was ist los mit Mehmet, mit uns, unserer Liebe?

64

Verdammt, Umut, du Katzenvieh. Ich wollte mit den Freunden ins Konzert gehen. JMK wollte auch kommen. Du hast mir die Chance, mit ihnen zu sprechen, vermasselt. Den ganzen Tag wartest du hungrig auf mich. Komm, schlepp nicht die Leber in den Salon und spiel nicht rum damit, du machst alles schmutzig. Den neuen Sofastoff hast du auch zerkratzt, überall Fäden rausgezogen. Muß ich dir etwa jeden Tag Leber kaufen und diesen Geruch aushalten? Bin ich gezwungen, jeden Abend heimzukommen, nur weil du Hunger hast?

Wenn ich spät komme, streichst du mir um die Füße und miaust erbärmlich, und es tut mir leid, weil ich dich so lange alleine gelassen habe. Muß ich mir deinetwegen Sorgen machen? Wenn ich dich in den Garten setzte, wo die anderen Katzen spielen, und wenn du dir dort selbst dein Futter suchen würdest... Was fürchtest du dich, in den Garten zu gehen, warum denn? Mußt du denn derart an mich gebunden sein? Ich halt es nicht aus, daß du so abhängig bist von mir. Du machst mich nervös. Katze, hau ab, deinetwegen habe ich schlechte Laune. Reiß nicht die Blätter der Topfblume ab, dreckige Katze. Deinetwegen bin ich unglücklich. Ich wollte aber nicht mehr unglücklich sein.

Komm auf meinen Schoß, mein Liebling, komm. Schicke ich dich jetzt auch noch weg? Darf der Mensch, um frei zu sein, sich nicht einmal an eine Katze binden? Bindet die Liebe den Menschen? Und macht das Gefühl, angebunden zu sein, den Menschen zwangsläufig wütend? Um frei und ungebunden zu sein, darf der Mensch wohl keinem Wesen erlauben, sein Leben zu teilen. Ist der Preis der Freiheit die Einsamkeit?

65

Es sieht so aus, als sei Mehmet mit seinem Leben sehr zufrieden. Abends bringt er Blumen und schön angerichtetes Essen mit. Aber jetzt gibt er vorher Nachricht, wenn er kommt. Manchmal holt er mich sogar von der Arbeit ab. Ich bin ja ein freier Mensch jetzt. Mehmet war sowieso immer frei. Im Gegensatz zu mir. (Sogar jetzt bist du nicht frei, Mädchen, und zwar dieses Mal wegen *seiner* Ehe. Glaubst du, die Leute reden nicht hinter deinem Rücken? Meinst du, wer es weiß, verurteilt dich nicht? Du hältst dich für frei, weil du eine kleine Wohnung und Arbeit hast. Aber wenn es bei dir klingelt, öffnet dann nicht jedesmal auch die Nachbarin ihre Tür und schaut dich haßerfüllt an? Und sitzen abends, wenn du heimkommst, nicht die Ersatzteilhändler vor ihren Läden und grinsen dir nach und machen Bemerkungen?)

Auch JMK kommt abends. Einmal fragte er: »In welchem Verhältnis stehst du zu Mehmet? Was werdet ihr tun?«

Die Frage hing in der Luft, wurde immer größer, dröhnte. »Was werdet ihr tun, du und Mehmet?« Die Frage hatte sich vor mir aufgebaut, konkret, zum Greifen. Sie war viel dringlicher als die Fragen, die ich mir selbst innerlich stellte. Eine Stellungnahme wurde verlangt. Los, denk nach, sprich, finde eine Antwort. Meine Stimme kommt, mir selbst fremd, wie die eines Kindes, hoch und schwach, kaum zu hören.

»Mehmet, das war ein Kampf. Ein Symbol. Daß ich mich ihnen nicht beugte, ihre Regeln nicht anerkannte, mich nicht besiegen lassen wollte. Mehmet war ein Sinnbild des Kampfes für ein selbstbestimmtes Leben. Mehmet war, ähnlich wie mein Vater, die Schubkraft für meinen Kampf. Mehmet war Liebe, eine große Sache, für die ich alles zu tun bereit war.«

Plötzlich höre ich mir selbst zu und merke, daß ich in der Vergangenheit spreche. Da wiederhole ich noch einmal: »Mehmet war ein Symbol des Kampfes, aber der Kampf ist zu Ende, mein Kampf ist zu Ende.«

Das war meine Stellungnahme, und neben der Frage schwebt sie nun sichtbar in der Luft, wird immer größer und erschreckt mich. Ich betrachte das, was ich gesagt habe, mit großen Augen, zitternden Lippen, erschrocken.

JMK nimmt mich in den Arm, drückt meinen Kopf an seine warme Brust. Ich weine und weine, ohne einen Laut.

JMK umarmt mich, nur das.

Ich schließe die Augen.

66

Als ich die Tür öffne, steht Mehmet davor, mit tränenfeuchtem Blick wie ein Hundejunges, das die Mutter verloren hat, bedrückt, erledigt. In der Hand ein einziges Gänseblümchen. »Ich will das Orakel befragen, Geliebte«, sagt er, »liebt sie mich, liebt sie mich nicht? Mir bleibt nichts anderes übrig.«

Mehmet steht mitten im Salon, mit nassen Augen, reißt die Blütenblätter ab. Sie liebt mich, liebt mich nicht, sie liebt mich. Mehmet begeistert sich für die Traurigkeit. Die Trauer, die er in meinen Augen gesucht und nicht gefunden hat, steigert er zunehmend bei sich selbst.

(Jetzt interessieren mich deine Gänseblümchen, deine Orakel, deine nassen Augen, deine Trauer endgültig nicht mehr, Mehmet. Wenn du dich mal ein bißchen mit der Realität beschäftigen würdest, kämpfen, wissen, was du willst. Wenn du lernen würdest, auf einige Dinge zu verzichten. Wenn du dich ein bißchen, statt nur für Liebe und Trauer, auch für deine Umwelt interessieren würdest.)

Auch ich bin gespannt. So, als ob das Ergebnis des Blumenorakels wirklich unser Schicksal bestimmen würde. »Sie liebt mich, sie liebt mich nicht.«

Er hebt den Kopf, schaut mich angstvoll an. Die Trauer in seinen Augen ist unwiderstehlich. Eine einzige Träne quillt hervor und fließt.

(Ihr könnt nicht einmal das: lauthals, schluchzend weinen.)

»Du hast ja immer an Orakel geglaubt, Mehmet. Jetzt glaube ich auch daran.«

Er will, daß ich auch weine, wenigstens eine Träne, oder daß ich mich schluchzend an seine Brust werfe, daß ich etwas von ihm fordern soll, ihn vielleicht anflehen.

»Das kann nicht wahr sein. Was du sagst, ist nicht wahr.«

»Doch.«

(Traurigkeit, Blumen, Gänseblümchen, einzelne Tränen, Ausweglosigkeit, Sich-Umarmen und Weinen bis zum Erstikken, Orakel, das alles interesssiert mich überhaupt nicht mehr, Mehmet. Es hat mich sowieso nie interessiert.)

»Ja, aber unsere Liebe, unser Kampf, unser Widerstand...«

»Nicht wir, *ich* habe gekämpft«, sage ich.

Er senkt den Kopf. »Aber das alles hast du doch für die Liebe getan.«

»War das wohl für die Liebe?« (Oder für mich selbst?)

»Aber damals warst du verheiratet, und jetzt nicht mehr«, sagt er.

»Verheiratet oder nicht, jedenfalls würde ich für die Liebe wieder alles tun, ja, für das, was ich für Liebe halte. Aber wo ist die Liebe, Mehmet, wo? Für die Liebe lohnt es sich immer zu kämpfen, um sie muß man sich immer bemühen, Mehmet. Aber zweimal »ichliebedich« und dreimal »eswarwunderbar« zu sagen, reicht nicht. Man muß jeden Augenblick um sie zittern. Immer nur Geben ist ebensowenig Liebe wie immer nur Nehmen. Ich liebe dich nicht mehr, Mehmet, du läßt mein Inneres nicht mehr erzittern, das Herz nicht mehr hüpfen, erregst mich nicht mehr. Vielleicht habe ich dich sogar nie geliebt, bloß gemeint, daß es so wäre, und das war auch gut. Du hast mich ins Leben zurückgebracht, meine Kampfkraft gestärkt, mich mir selbst gegeben. Vor vielen Jahren habe ich einmal geglaubt, einen anderen kleinen Mehmet zu lieben.«

»Hast du geglaubt?«

»Ja. Wenn die Liebe echt gewesen wäre, wo ist sie denn dann jetzt?«

»Ich kann's nicht fassen, es soll uns doch nicht leid tun, das alles; halte aus, ich werde alle unsere Probleme lösen.«

»Löse sie oder nicht. Es sind deine Probleme, meine nicht. Ich löse meine eigenen Probleme selbst und mag Leute nicht, die das nicht fertigbringen.«

»Halte aus, nur noch ein bißchen.«

»Ich halte nicht aus. Nicht für eine Sache, die ich gar nicht will, die mich unglücklich macht. Für jemanden anderen kann ich das alles nicht tun, nur dann, wenn ich es selbst will.«

(Papa, als ich heiratete, hast du einen gelben Kanari ins Haus geholt, weil du mich im stillen immer deinen gelben Kanari genannt hast. Papa, bin ich wohl immer noch so liebebedürftig, daß ich jedem »Ichliebedich« eines Mannes nachlaufen muß? Du hast mich ja schließlich doch geliebt, Papa. Es gibt wohl keinen Grund mehr, mich an jeder Brust auszuweinen. Papa, da du mich geliebt hast, hat mir die Liebe eines Mannes in meinem Leben nicht gefehlt! Papa, das »Ichliebedich« reicht mir nun nicht mehr. Ich habe geglaubt, darauf nicht verzichten zu können. Der Mensch denkt, was er im Leben nicht hat, sei so wichtig. Aber das werde ich nun nicht mehr glauben, Papa.)

»Geh jetzt, Mehmet. Gleich kommt der junge Mann auf Krücken; ich habe mit ihm etwas zu erledigen. Los, geh jetzt. Du mußt auch aufgeben lernen. Und Entschlüsse fassen. Zuerst der Entschluß, dann das Aufgeben. Das muß man, um stark zu sein. Nur zu lieben reicht nicht. Los geh nun und gib mich frei, Mehmet.«

67

Abends zu Hause lerne ich jetzt Französisch. Nur eine Fremdsprache ist zu wenig, vor allem wenn du vorwärtskommen willst. Haben wir ausländische Gäste, die Englisch sprechen, nimmt Doğan Bey mich zu den Verhandlungen mit, sprechen sie aber Französich, dann wird nur Süleyman hinzugezogen, und ich bleibe ausgeschlossen und habe keine Ahnung, was läuft. Süleyman ist aber auch bei den englischsprachigen Verhandlungen dabei. Das geht nicht. Warum soll ich zurückstehen hinter den anderen? Ich muß lernen, muß weiterkommen.

Es klingelt. Nilay.

»Wo steckst du denn, warum meldest du dich nicht?«

»Sollen immer wir dir nachlaufen, du freie Frau? Wenn ich nicht störe, laß uns reingehen.«

Sie schaut sich in der Wohnung um, untersucht alles, geht ins Schlafzimmer. »Noch immer hängen deine Kleider auf der Leine. Du haust wie eine Zigeunerin. Ist das die Freiheit?« fragt sie.

»Red keinen Unsinn, Nilay. Soll es denn Freiheit sein, im Wohlstand zu leben, den ein anderer herbeischafft?«

»Weißt du, daß sich alle über dich das Maul zerreißen und dich blöd nennen?«

»Wer sind denn ›alle‹?«

»Die Freundinnen halt, die Mädchen.«

»Ach, unsere Mädchen da, mit ihrem Stall voll Kindern, die den Beruf aufgegeben haben, die sexuell nicht befriedigt sind, die Ehefrauen ihrer geliebten Männer, die meinst du?«

»Fang nicht schon wieder an, die Neunmalkluge zu spielen. Auch ich verstehe nicht, weshalb du dich von Gürkan getrennt hast. Schau dich an, schau diese Wohnung an. Gürkan war hübsch, geistreich, erfolgreich, wohlhabend. Außerdem hat er dir die Freiheit gelassen. Du konntest tun, was du wolltest. Welcher Ehemann hätte wohl die Augen zugedrückt bei dem, was du getan hast?«

Nilay setzt mich in Erstaunen.

»Ich wollte gar nicht, daß er die Augen zudrückt, Nilay. Ich wollte geliebt werden, ihn mögen, aber es hat nicht geklappt. Wie kann ich mit einem Menschen, den ich nicht mag, nicht liebe, zusammenbleiben, bloß weil er mir ein angenehmes Leben verschafft? Ist das nicht in Wirklichkeit Hurerei? Wie konnte ich den Mann umarmen, mit ihm schlafen, obwohl ich ihn nicht mehr wollte? Nur wegen meiner Bequemlichkeit?«

»Hättest du gewollt, dann hättest du auch geliebt. Es gibt doch gar keinen Grund, ihn nicht zu lieben.«

»Uff, du fällst mir auf den Wecker. Hätte ich eine von diesen Ehefrauen werden sollen, die, bloß weil sie nicht wissen wohin, lebenslang mit einem ungeliebten Menschen zusammenbleiben?«

»Dein Mann war nett, meine Süße, anfangs hast du ihn doch so geliebt. Schau mal, wie du hier in der leeren Wohnung sitzt und Hausaufgaben machst, wofür denn? Wo du jetzt überall sein könntest... auf welcher Fête, mit wem du alles reden könntest! Ihr seid doch überall eingeladen worden.«

»Nilay, nicht *ich* bin eingeladen worden, sondern *er*. Und ich bin wie ein Schoßhündchen mitgegangen. Ich werde eines Tages auch noch als ich selbst eingeladen werden. Unter meinem eigenen Vor- und Zunamen wird man mich einladen, und dann gehe ich hin oder auch nicht.«

»Vielleicht hast du recht, Süße, dann kämpfe mal schön, ich habe auch gekämpft, aber dann habe ich's aufgegeben. Wofür denn, wozu?«

»Für dich selbst, Nilay, um das Glück und die Freiheit zu erreichen.«

»Schau, hör mir mal zu, und dann sag, was du an meiner Stelle machen würdest. Du weißt ja, daß ich nach dem Tod meines Vaters eine Zeitlang Mannequin war, für ein, zwei Firmen. Eine davon gehörte der Freundin meiner Mutter; für diese Frau habe ich in drei Großstädten an Modeschauen teilgenommen. In Izmir, nachts im Hotel, als ich schon schlief, klopfte es an meine Tür. ›Wer ist da?‹ fragte ich. ›Ich‹, sagte jemand. Es war die Stimme unseres berühmten Conférenciers, stockbesoffen. Er war auch schon bei der Vorführung betrunken gewesen, so daß wir ihn angefleht hatten: ›Bitte, blamier uns doch nicht alle.‹ Ich öffnete die Tür. Er schwankte auf mich zu, sein Mund stank nach Alkohol. ›Nilay, Nilay, ich liebe dich, ich will dich haben, bitte, laß uns doch zusammensein‹, sagte er. Ein alter Kerl, stinkend; eine Schande, wenn es jemand gesehen hätte. ›Setz dich, komm mal zu dir‹, sagte ich. Er fing an zu weinen. ›Du magst mich nicht, willst mich nicht, habe ich denn keine Chancen?‹ Ob du's nun glaubst oder nicht, er tat mir derart leid, daß ich mir sagte, was soll's, wenn ich ein paar Minuten mit ihm zusammen bin und ihn glücklich mache, verliere ich doch nichts. Ich half ihm, sich auszuziehen; er umarmte mich dauernd und wollte mich küssen, aber kraftlos. Ich zog mich auch aus, und er legte sich auf mich und versuchte, etwas zustande zu bringen, aber es klappte nicht. Ohne daß er eine Erektion gehabt hätte, leerte er sich über mir aus. Der Mann wußte gar nicht, was los war; ich hatte ihn vielleicht nicht mal glücklich gemacht. Noch immer hing er mir am Hals und weinte. Schließlich sagte ich: ›Los, geh endlich, sonst sieht dich noch jemand.‹ Ein letztes Mal versuchte er mich zu umarmen. Als er aus der Tür trat, krachte er der Länge lang hin. Zum Glück lag sein Zimmer im selben Stockwerk. Ich nahm ihn auf den Rücken und schleppte ihn in sein Bett.

Am nächsten Morgen, als ich runterkam, trat mir ein Mann

von der Rezeption in den Weg und sagte: ›Frau Nilay, Sie können leider wegen der Vorfälle der letzten Nacht nicht in diesem Hotel bleiben, denn das hier ist ein gutes Hotel.‹ Natürlich schämte ich mich sehr. Ich kam mir vor wie eine Hure ohne Paß und war sofort bereit, meine Koffer zu packen und zu fliehen, ehe mich jemand sah. Plötzlich rief hinter mir eine Stimme: ›Nilay, Nilay, wohin gehst du denn?‹ Der Conférencier. Was sollte ich sagen? Ich verließ das Hotel und versuchte, das Ganze irgendwie abzuschütteln.

Den Conférencier haben sie nicht rausgeworfen!

Dir ist auch die Sache mit meiner ersten Verlobung bekannt, aber alles weißt du nicht. Meine Mutter wollte mich zwingen, diesen Mann zu heiraten, der um mich angehalten hatte. Er war sehr reich und siebzehn Jahre älter als ich. Unsere eigene materielle Lage war eine Katastrophe. Der Mann war sehr zartfühlend und höflich. Jedesmal brachte er eine Menge Geschenke mit, und meine Mutter fing wieder an zu lachen. Deshalb sagte ich mir: ›Nilay, nun sei mal nicht so egoistisch. Geht es denn den anderen besser als dir?‹ Wir verlobten uns und schliefen auch schon miteinander, wo wir doch sowieso heiraten wollten. Selbst meine moralversessene Mutter erlaubte mir, manche Nacht im Haus dieses Mannes zu verbringen.

Eines Tages nahm ich heimlich den Zweitschlüssel der Wohnung, um schon vor ihm dort zu sein und etwas zu essen vorzubereiten. Es war gegen Abend, als ich ankam. Wie ich gerade die Tür schließe, höre ich von drinnen aus dem Schlafzimmer Stimmen, Stöhnen. Ich liebte den Mann nicht, aber trotzdem wurde ich sehr wütend. Was soll ich jetzt machen, überlegte ich. Während ich noch überlegte, unterschied ich die Stimmen. Ich kann's dir nicht erzählen. Ich lugte durch den Türspalt. Mein Freund stöhnte, und über ihm war noch ein Mann, der auch stöhnte. Ich hätte so etwas nie für möglich gehalten. Vor meinen Augen zuckten Blitze, mir wurde übel, und ich mußte würgen. Plötzlich hörten sie auf. Ich warf den Schlüssel, den ich in der Hand hatte, mitten ins Wohnzimmer, brüllte ›Mami!‹ und rannte fort. Danach rief ich ihn nie mehr an, und auch er meldete sich natürlich nicht mehr. Das konnte ich meiner Mutter nicht erzählen. Sie beschuldigt mich noch immer als ›undankbar‹.

Nach zehn Tagen bekamen wir einen Brief, daß wir alle bisher erhaltenen Geschenke zurückgeben müßten, da die Verlobung gelöst sei. Wir gaben alles zurück. Meine Mutter ist mir deswegen noch immer böse. Verstehst du, zuerst versuchte ich, frei wie die Männer zu sein, nach eigener Lust und Laune. Dann beschloß ich, für andere zu leben, mich anzupassen, meiner Mutter zuliebe. Schau, was dabei rausgekommen ist. Jetzt habe ich einen Haß auf jeden, sogar auf meine Mutter, die mich für ihre eigene Bequemlichkeit zu verkaufen versuchte. Glaub mir, ich kann überhaupt nicht mehr natürlich sein. Ich kann im Film nicht mal mehr eine Kußszene anschauen, ohne daß es mich ekelt. Eine Hand, ein Fuß, Lippen, menschliche Organe bringen mich zum Kotzen.«

»Das sind aber alles Ereignisse außerhalb deiner selbst, Nilay. Deine Mutter, der betrunkene Conférencier, die Männer im Hotel, jener dreckige Kerl. Du selbst bist das alles nicht. Diese Menschen sollten dich nicht beeindrucken. Du bist du. Such weiter, deine Persönlichkeit, dein Glück, deine Freiheit. Jetzt kennst du die Menschen, aber das darf dich nicht umwerfen, nicht erdrükken. Im Gegenteil, erhebe dich. Laß dich nicht von denen unterkriegen, die du ablehnst; werde nicht wie sie. Übernimm ihre Schlechtigkeit nicht. Glaub, daß du stark bist. Das ist die einzige Lösung für uns, Nilay. Glaub mir, du bist stark.«

68

Ich bin wütend auf Süleyman. Was wir zu dritt ausgearbeitet haben, sammelt er in seinem Aktenordner, und heimlich, außerhalb der Sitzungen, redet er mit Doğan Bey. Während einer Besprechung sagte Doğan Bey, daß ihm der neueste Vorschlag von Süleyman sehr gefiele. Ein ausgezeichneter Gedanke. Dabei ist mehr als die Hälfte davon meine Idee. Schau dir den Kerl an: geht einfach hin und verkauft den Vorschlag als seinen eigenen. Verdammt. Vorne und hinten hatte er noch ein paar Sätze drangebaut, damit es aussah wie seine eigenen Ausführungen. Das Blut stieg mir zu Kopfe. Was sollte ich machen, sagen? Ich drehte mich plötzlich um, aber Süleyman tat, als wäre nichts, wich aber meinem Blick aus. Wenn er mir einmal ins Gesicht sehen würde! (Gott strafe dich, Süleyman, du Schwachkopf. Vom Geld deines Vaters hast du im Ausland studiert, aber Mensch bist du wohl dabei nicht geworden. Wie weit kommst du denn mit dem Geld anderer und mit den Gedanken anderer? Dreckskerl.)

Wenn ich nun sagen würde: »Doğan Bey, mehr als die Hälfte dieses von Ihnen so gelobten Projekts stammt von mir. Wir haben zu dritt darüber diskutiert und gerade auf diesen Teil, der Ihnen so gefällt, bin ich gekommen, nicht er«? Was würde dann wohl passieren? Ich muß nachdenken und einen noch viel besseren Vorschlag als diesen bringen. Ich muß. Verdammt.

Und wenn ich jetzt einmal alle diese Überlegungen sausen ließe und mich entspannte. Nichts Ernstes dächte, mich bloß amüsierte? Was machen die Mädchen wohl so? Ich sollte sie anrufen, Gül, Fügen, Günseli. Sie könnten doch am Samstag oder Sonntag zu mir kommen. Aber alle drei können am Wochenende nicht weg. Die Ehemänner sind zu Hause, die Kinder und so...

Gül sagte in fröhlichem Plauderton: »Liebling, der Meinige läßt mich sonntags nicht weg.« Sie sagte das ganz stolz. Der Ihrige läßt sie also nicht weg, der Mann ist wohl sehr verliebt in Gül!

»Gut, dann komm abends.«

Ach du lieber Gott, abends ginge es überhaupt nicht.

»Himmel, wir sind doch hier bloß unter Mädchen, was ist denn dabei?«

»Bist du verrückt, meine Süße, wie kann ich denn abends auf die Straße gehen?«

»Na, so wie dein Mann rausgeht, kannst du das auch. Oder er soll dich, wie damals mein Vater, bis vor die Tür bringen.«

»Wir sind nicht solche verrückten Hühner wie du. Also gut, dir zuliebe, am Samstag. Ich hab, weiß Gott, richtig Sehnsucht nach dir.«

(Ich bin kein verrücktes Huhn. Wenn ihr das mal kapieren würdet...)

Wenn Frauen einander vertrauen, kann ihre Freundschaft so stark sein. Zwar haben wir uns seit Jahren nicht gesehen, doch nun sind wir einander wieder nahe wie in den Tagen, als Fügen schwanger war. So selbstverständlich konnten wir zu der Zeit, als die einen frisch verheiratet waren, nicht miteinander umgehen. Damals brachten wir sie einfach nicht zum Sprechen, warum wohl?

Wir setzen uns hin und reden mit viel Gekicher, wie damals als Schülerinnen, von Sex.

Fügen hat eine Reihe Kinder bekommen, die sie sehr liebt. Ihr Mann denkt dauernd ans Bumsen. Er fragt sie nicht einmal, ob sie will. Als sei es eine Gunst von ihm, als täte er ihr etwas Gutes damit, wenn er jede Nacht ankommt. Und Fügen hat bisher kein einziges Mal einen Orgasmus gehabt.

»Ist das wohl psychologisch zu erklären?« fragt sie. »Liegt es an dem, was ich erlebt habe?« Fügen macht sich noch immer nicht viel aus Sex. »Immer dasselbe, jede Nacht dasselbe. Ich habe es irgendwo gelesen, ich passe genau in das Schema der frigiden Frau. Damit er nicht traurig wird, mache ich nach einiger Zeit ›ah‹ und ›uh‹, stöhne und zucke. Er ist sowieso nach zwei Minuten fertig. Dann ist er glücklich und sicher, daß er mich auch glücklich macht. Soll ich ihm etwas sagen? Was würde sich dann ändern? Und wenn der Fehler bei mir liegt, warum soll ich den Mann unnötig unglücklich machen. Es ist sowieso umsonst.« Fügens Hände zittern. Sie hat Kopfwehanfälle, Migräne, sagt sie.

Günseli: »Na, Kinder, was soll's, wer von uns ist schon in seinem Sexualleben völlig glücklich? Und wer von uns weiß über die Männer richtig Bescheid? Wie sollen sie dann uns kennen? Du kannst dich ja, wenn die Sache vorbei ist, rumdrehen oder ins Bad gehen. Und mit eigener Hand...«

»Sehr unerzogen«, kichert Fügen.

Gül: »Statt mit deiner Hand probier es doch mal mit seiner.«

»Ah, seid ihr verrückt geworden. Wie krieg ich denn diesen ausgewachsenen Mann dazu? Und nach allem, was war. Das geht nicht«, sagt Fügen.

Ich dachte, Aysel hätte nicht zu Ende studiert, aber sie ist Elektroingenieurin geworden, bloß hat sie wegen der Eheschließung ihren Beruf nie ausgeübt. Ihr Mann wollte nicht, daß sie arbeitet. Hätte sie doch irgendein Larifarifach studiert; so ist es schade um die Mühe.

Zu mir sagt sie: »Du warst in unserer Klasse der hoffnungsloseste Fall, aber jetzt bist du als einzige von uns Geschäftsfrau geworden.« Gut, daß ich sie alle eingeladen habe! Sie hocken den ganzen Tag zu Hause und haben über »Atta, Mama, Kuckuck« ihre eigene Sprache vergessen, sagen sie. Aber Aysels Mann ist wirklich ein guter Mann... So gut, daß eines Tages, als das Kind schrie und Aysel sagte: »Häng du mal die Wäsche auf!«, er sie wirklich aufhängte. Das heißt, nicht die ganze Wäsche, denn kaum hatten die Nachbarn vom gegenüberliegenden Balkon ihn gesehen, floh er nach drinnen, als hätte man ihn bei einem Verbrechen ertappt. Aber er macht auch anderes im Haus. Natürlich nur, wenn seine Mutter nicht da ist. Wenn die zu Besuch ist, holt er sich nicht mal ein Glas Wasser aus der Küche, sondern Aysel muß es bringen. Sein Mütterchen soll doch ihren Sohn nicht arbeiten sehen, sie könnte sonst traurig werden, denn das Mütterchen hat ihren Sohn ein Leben lang bedient. Wenn sie jedoch allein sind, holt er sich selbst sein Wasser und kocht sogar Kaffee. Ein moderner junger Mann...

(Er läßt seine Frau ihren Beruf als Elektroingenieurin nicht ausüben und geht auch mal selbst in die Küche, um sich Wasser zu holen – wenn seine Mutter nicht da ist. Wirklich, ein sehr moderner, ganz besonderer Mensch ist dein Mann, Aysel, gratuliere!)

»Ach, ihr hättet keine Kinder machen sollen, die beschneiden die Freiheit. Und wenn schon, würde eins ja reichen für die Freude am Kind. Ihr seid mir doch reichlich einfältig geblieben. So bin ich nicht, ich lasse mich nicht so ausnutzen. Sind die Männer nicht alle gleich? Du kannst doch den einen für den anderen nehmen! Ihr Verstand reicht nur für zwei Dinge. Frauen und Beruf. Meiner ist auch sehr scharf auf die Frauen, das heißt, er *war* es. Vor der Hochzeit hat er sich ausgelebt, Geld spielte keine Rolle. Nach Rumänien und Schweden hat er, bei Gott, spezielle Sextouren unternommen. Er hatte ein Telefonheftchen, der Verstand bleibt dir stehen, mit Tausenden von Mädchennamen und persönlichen Angaben, wie ›schöne Beine, blond, große Brüste, hat eine schöne Schwester‹ und so weiter. So sind sie halt, aufgrund ihrer Erziehung, wie primitive Tiere. Sie können bloß fikken, und bei jedem Mal hauen sie sich sozusagen eine weitere

Kerbe in den Erfolgsbaum. Wenn das nun schon ihre Spezialität ist, sollten sie es dann doch wenigstens gut machen. Aber nichts dergleichen. Idioten. Selbst das klappt nicht.«

Gül hat keine Kinder. Sie kann keine bekommen. (Das heißt, die Idee, lieber keine zu gebären, ist auch nicht ganz freiwillig entstanden.)

Gül hat sich untersuchen lassen, ihr fehlt nichts. Aber den Mann hat sie nicht zum Arzt schleppen können. Er hat Angst, es könnte sich herausstellen, daß der Fehler bei ihm liegt. Als ob dadurch die Männlichkeit in Gefahr wäre... Ich schaue mir Gül an. Sie sieht anders aus als die anderen, schlank, attraktiv, lustig.

Güls Mann war oft auf Geschäftsreisen, und sie blieb allein zu Hause. Er wollte sie nie mitnehmen. Eines Tages traf sie den Mann einer Bekannten, der sie einlud, gemeinsam etwas zu trinken. Er erzählte von seiner Ehe, daß er sich mit seiner Frau nicht verstünde und unglücklich sei. Dabei war die Frau doch eine nette Frau. Nach zwei Tagen rief der Mann Gül zu Hause an und fragte: »Ist der Deinige gekommen?« Er war nicht zurück. Sie trafen sich zum Essen am Bosporus. In aller Öffentlichkeit; sie taten ja nichts Schlimmes. Aber der Mann hatte sich in Güls Kopf festgesetzt. Sie konnte nicht schlafen, mußte ständig an ihn denken. Sie rief ihren Mann an und sagte, daß sie Sehnsucht nach ihm hätte und ob das Geschäft denn noch nicht abgeschlossen sei. Eigentlich ja, aber man müßte die Direktoren noch etwas unterhalten, das gehöre auch dazu, man könne die Leute ja nicht unter Druck setzen. Am anderen Morgen ließ sie sich mit dem Hotel verbinden, in dem ihr Mann übernachtete. Sie gab die Zimmernummer an, da meldete sich eine Frauenstimme mit »Hallo«. Plötzlich übernahm ihr Mann den Hörer. Gül fragte ihn: »Wer war denn das am Telefon?« Seine Antwort war: »Red keinen Unsinn, mach kein Theater, wenn ich zurück bin, reden wir darüber, es ist nichts.«

Daraufhin wählte Gül sofort die Nummer des Mannes ihrer Bekannten, um sich mit ihm zu treffen. Denn nun empfand sie keine Schuldgefühle mehr.

»Und was passierte dann, Gül?« Wir platzen vor Neugierde.

»Dann – passierte nichts. Die Frau, die den Hörer abgenommen hatte, sei das Zimmermädchen gewesen, und mein Mann sei in dem Moment zufällig ins Zimmer gekommen. Jetzt treffe ich mich jede Woche mit dem anderen. Wir verbringen gemeinsam ein paar glückliche Stunden fern von allen häuslichen Sorgen. Auch der Meine ist mit einer Frau zusammen, das weiß ich. Aber was soll ich machen. Jetzt werde ich mich doch nicht noch scheiden lassen! Wenn ich mich mit dem anderen Mann treffe, ziehe ich mir aufreizende Wäsche an und parfümiere mich, und er hat sich auch piekfein gemacht. Wir essen schön, trinken etwas und lassen es uns wohl sein.«

(Gül, du hast, ohne es zu wissen, etwas sehr Wichtiges entdeckt. Ihr spielt ein Spiel, bei dem ihr einander nur die guten Seiten zeigt und alles Schlechte und Häßliche verbergt. Hättest du es in deiner Ehe auch so gemacht, etwas Heimliches, Eigenes gehabt...)

Gül lacht laut auf. Kürzlich sei sie mit der Frau ihres Liebhabers zusammengetroffen. Die Frau sei wirklich sehr nett. Sie habe sich bei Gül über ihren Mann beklagt, er sei interesselos, lasse sie unbefriedigt, ihr Sexualleben sei monoton geworden. Dabei ist Gül mit dem Mann sehr zufrieden. Er verstehe die Sache und würde sie lange, lange erregen. Gül, wie gesagt, läßt sich nicht ausnutzen, »Auge um Auge, Zahn um Zahn«.

(Natürlich, Gül, du mit deinem Ehemann, von dem du kein Kind bekommen kannst, der aber reich ist, dessen Namen du trägst. Mach dir ein schönes Leben mit deinem Geliebten. Laß dich ja nicht ausnutzen, Gül!)

Fügen hat wohl ziemlich viel getrunken. Dauernd füllt sie sich Gin nach. Manchmal würde das Ding ihres Mannes nicht hochkommen, erzählt sie. Aber dann, dann würde er wahnsinnig. An solchen Tagen würde er sie immer beschuldigen und schlecht behandeln. Fügen hat eine Freundin in Frankreich, die Geliebte eines Malers. Dessen Ding sei schon in der ersten Nacht nicht mal aufgestanden. Später sei das dann noch oft passiert. Der Mann hätte aber bloß glucksend dazu gelacht und gesagt: »Machst mir wieder mal Schande, Kleiner, hast wohl keine Lust heute«, und dann hätte er das Mädchen in den Arm genommen, und sie hätten wie Engel geschlafen.

»Meine Süße, die Männer wachsen verschieden auf. Für unsere ist dieses Objekt die einzige Waffe, wenn die auch noch versagt, was sollen die armen Kerle dann machen.«

Wir haben uns glänzend amüsiert, viel gelacht. Mit dem Wunsch, uns ganz bald wiederzusehen, trennen wir uns. Fügen kaut ein wenig Petersilie, damit ihr Mann den Alkohol nicht riecht. Sie gehen. Mir ist schwindlig. Habe ich viel getrunken? Traurigkeit bricht über mich herein. Was werden sie jetzt machen in ihrern Häusern? Werden sie sein wie hier kurz vorher – natürlich, fröhlich, glücklich?

Warum haben sie früher diese Geschichten nicht erzählt? Vielleicht waren damals ihre Illusionen noch nicht zerstört, so daß sie die Wirklichkeit nicht zugeben wollten. Erzählen sie erst jetzt alles, weil sie kcine Hoffnung mehr haben? Das täte mir sehr leid, sehr. Dabei hatten wir doch so viel Spaß zusammen.

69

JMK drückt mir einen Packen Broschüren in die Hand. »Ich bin in Druck, eigentlich müßte ich schon längst woanders sein, bring dies hier zu der und der Adresse. Es ist ein Geschäftshaus. Gib es dem Mann an der Rezeption, er heißt Remzi. Wenn er nicht da ist, laß das Paket auf dem Tisch liegen und geh schnell wieder raus.«

Zuerst packt er die Broschüren in eine Zeitung ein, dann aber gefällt ihm das nicht, weil es Aufmerksamkeit erregen könnte, und er findet eine Papiertüte. Er ist nervös.

»Geh schon, nimm ein Taxi, gib die Sachen ab und komm zurück.«

»Was ist das denn?«

»Du weißt schon. Frag nicht. Ich bitte dich, weil es drängt. Los, geh schon und tu, was ich sage.«

Befehlshaberisch und entschlossen.

Ich bin meinerseits gehorsam und entschlossen. Ich möchte mich auch beteiligen, nützlich sein. Die Tüte fest an die Brust gepreßt, gehe ich im Laufschritt bis zur Hauptstraße. Äußerst entschlossen und zuverlässig.

Ich war sowieso schon lange wild darauf, JMK zu helfen. Ein Bus kommt. Nein, mit dem Bus soll ich nicht fahren, da könnte mich jemand anstoßen, so daß das Paket hinfällt und aufplatzt. »Taxi!«

Im Taxi, auf den Rücksitz gekauert, juckt es mich, die Tüte aufzumachen und den Inhalt anzuschauen. Mit einem Auge beobachte ich durch den Rückspiegel den Fahrer. Wenn er mich nun sieht, wenn er sich umdreht, wenn ich ihm verdächtig vorkomme? Ich vermeide es, die Tüte knistern zu lassen und ziehe ein Heftchen ein wenig heraus. Auf schlechtem Papier sind da lange Erörterungen gedruckt. Unser Streit, unser Kampf...

Das Taxi hält vor einem Geschäftshaus. »Wir sind da«, sagt der Fahrer. Ich knicke den Tütenrand um, mein Herz klopft zum Zerspringen. Hat der Mann etwas bemerkt? Wenn er Verdacht geschöpft hat? Ich zahle, sage: »Stimmt so« und steige aus. Das Paket fest an mich gepreßt, bleibe ich so lange auf der Straße stehen, bis der Chauffeur weggefahren ist. Wenn er nun irgendwo anhält, um mich zu beoachten? Er ist weg. Ich bin klatschnaß geschwitzt, die Haare kleben mir auf der Stirn. Ein Mann schaut mich an. Wie man bei dem Wetter nur so schwitzen kann, das ist verdächtig. Ich muß zurückfahren, die Papiere in kleine Stückchen zerreißen und verbrennen.

Ich trete in die Halle des Geschäftshauses, gehe zur Rezeption. Wie hieß doch der Mann, Recai oder Rafet? Ist es wohl der da? Er schaut mich an. Ich stehe ihm direkt gegenüber. »Sind Sie Remzi?«

»Ja.«

»Nehmen Sie dies hier.«

Ich drehe mich um und gehe ganz langsam hinaus. Ein Windhauch streicht mir übers Gesicht. Und wenn das nun nicht Remzi war? Und wenn mich jemand beobachtet? Ich darf nicht laufen, ich muß meine Spur verwischen. »Taxi!« Ich fahre nicht bis nach Hause, steige in einer anderen Gasse aus und tue so, als ginge ich in ein Haus hinein. Ich warte, bis das Taxi weggefahren ist. Dann gehe ich heim. Mir zittern die Hände so sehr, daß ich die Tür kaum aufkriege. Ich werfe mich aufs Sofa. Ah, jetzt geht's mir gut, die Gefahr ist vorüber. Friede und Freude erfüllen mich. Ich tauge.

70

Sie haben mich zur Direktorin ernannt anstelle unseres bisherigen Direktors, der Generalkoordinator geworden ist.

Ich habe viel gearbeitet und mich sehr angestrengt für diesen verdammten Posten. Doppelt und dreifach im Vergleich zu den männlichen Kollegen habe ich geschuftet, mich abgerackert. Ich habe an nichts gespart, Tag und Nacht nicht unterschieden, eine zweite Fremdsprache gelernt. Jede Arbeit, die man mir gab, habe ich gemacht und mich dabei bemüht, niemanden zu kränken, zu erzürnen. Schon längst habe ich den Direktorenposten verdient.

Meine Freunde waren bestürzt, wenn sie mich gesehen haben. Vom vielen Lesen habe ich mir die Augen verdorben. Abends schwirrte mir der Kopf.

»Was ist los mit dir, warum machst du das alles, wem nützt das denn? Nur um dem Chef zu imponieren? Rentiert sich dafür etwa dein Zustand?«

»Ich arbeite keineswegs, um dem Chef zu imponieren. Das habt ihr nie kapiert. Um stark zu sein, arbeite ich, um zu beweisen, daß mir nichts fehlt im Vergleich zu denen. Ich will von niemandem abhängig sein. Davor habe ich die meiste Angst; wenn ich an meine Mutter denke, Tante Şermin, Tante Mualla. Alle diese Bedürftigen, diese zerstörten Persönlichkeiten, als lebten sie schon nicht mehr. Wie sie will ich nicht werden. Ich will weder von Männern noch Frauen abhängig sein, nicht gezwungenermaßen mit einem ungeliebten Menschen zusammenbleiben müssen. Dafür ist Geld nötig, Geld ist auch eine Art Freiheit. Nein, ich will keinen reichen Mann, mir geht es ja um die Freiheit. Und ich will ja auch zu etwas taugen, mein Gehirn gebrauchen. Wenn ich an die gefrorenen Augen, die Fischblicke jener Frauen, meiner Mutter, der Tanten, denke! Ich arbeite jetzt einfach und werde immer arbeiten. Versteht ihr nicht: Ich will ich selbst sein! Man soll mich mit meinem eigenen Namen erwähnen. Von den Männern, von der Ehe, erwarte ich lediglich Freundschaft. Freundschaft, gepaart mit Hochachtung voreinander und Gleichheit. Begreift ihr nicht, daß es ohne Gleichheit auch die beiden anderen Werte nicht gibt?«

Der Chef hatte gerufen. Als ich in sein Zimmer trat, war

Doğan Bey auch da. Dies war erst das zweite Mal, daß ich den Chef überhaupt sah. Sie informierten mich. Dann wurden die Mitarbeiter der Abteilung hereingerufen, und ihnen wurde meine Ernennung zur Direktorin mitgeteilt. Auch am Schwarzen Brett wurde eine Bekanntmachung mit der Unterschrift des Chefs ausgehängt. Hilfskräfte liefen herbei, um meine Sachen in mein neues Büro zu bringen. Die Kollegen kamen gruppenweise, um mir zu gratulieren.

(Los, nun redet schon, stürzt euch auf mich, sagt, sie ist mit dem Chef ins Bett gegangen. Euretwegen habe ich sogar tunlichst vermieden, mich in Doğan Beys Zimmer aufzuhalten oder dem Chef zu begegnen. Los, nun findet mal was. Sagt, sie macht es wegen ihres Ehemannes, sie hat den Chef um den Finger gewickelt, los! Ihr werdet nichts finden, selbst du, Süleyman, wirst nichts zu sagen finden.)

Zu Neujahr werde ich eine riesige Prämie bekommen. Von dieser Prämie werde ich mir eine kleine Wohnung kaufen. Meine eigene. Hätte ich Gürkan nicht das halbe Auto bezahlt, so hätte ich jetzt schon etwas Erspartes. Schmutziger Mann, und wie er das Geld angenommen hat! Weil seine Geschäfte angeblich nicht laufen, sonst hätte er es ja nicht genommen!

Schmutziger Mann... So denke ich also über ihn? Seltsam, den Mann, den ich einst wie wahnsinnig geliebt habe, empfinde ich jetzt so. Was für gemischte Gefühle hinterläßt doch das, was man so Liebe nennt.

Ja, ein schmutziger Mann, den du verloren, bis zuletzt benutzt, aufgebraucht hast. Jahrelang habt ihr aus einer Schüssel gegessen, in eine Schüssel wasweißich gemacht, auf einem Kissen geschlafen. Jahrelang. Du hast sein von Hämorrhoiden blutiges Klopapier in der Toilette, er hat im Abfalleimer deine Monatsbinden gesehen. Ihr wart krank, habt gerülpst, gefurzt, geschnarcht. Alles, aber auch alles habt ihr voneinander gesehen. Nichts ist verborgen geblieben. Vor der Ehe, bevor ihr gezwungen wart, gemeinsam zu wohnen, habt ihr voneinander nur das Schöne gewußt. Hättest du dir vorstellen können, daß der junge Mann, in den du verliebt warst, wie eine Trompete schnarchen würde? Hättest du ahnen können, wie seine Strümpfe stinken, daß seine Unterhosen vorne gelbe Flecken haben, daß er nach dem Essen dauernd aufstößt? Miteinander teilen... Ehe bedeutet wohl, alles Schmutzige und Häßliche miteinander zu teilen... Das Schöne schmilzt unter dem Zwang dahin, wird vergessen. Diese Spannungslosigkeit, die entsteht, weil man sicher weiß, man wird jeden Abend miteinander ins Bett gehen, läßt den Menschen gar nicht spüren, daß neben ihm ein verlangender Körper liegt. Wir werden füreinander wie ein schwerer Schrank, wie eine eingebaute Badewanne, die man nicht mehr vom Platz bewegen kann.

Weder Erhan noch Mehmet sind für mich je zum »schmutzigen Mann« geworden. Weil ich sie loslassen konnte, ehe ich sie verloren hatte.

71

Eine Stimme am Telefon... Berrin. »Lieber Gott, Berrin, du? Wie lange haben wir uns nicht gesehen. Wie hast du mich denn gefunden?«

»Ich möchte mit dir reden, darf ich kommen?«

Sie kommt. Was ist los mit Berrin? Sie ist zwei Jahre jünger als ich, aber jetzt steht sie mir gegenüber und sieht aus wie meine Mutter. Mit weißen Haaren, dick geworden.

»Du bist erstaunt, stimmt's?« sagt sie. »Was ist los mit Berrin, fragst du dich, oder? Du siehst aus wie ein junges Mädchen. Du brauchst niemanden, nicht wahr? Du warst schon von klein auf so, ganz anders als wir alle. Erinnerst du dich, du hast beim Vatermutterkindspiel den Jungen nicht erlaubt, aus dem Haus zu gehen. Du warst immer anders als wir, und jetzt bist du wieder leuchtend frisch.«

»Wie kommst du jetzt darauf?« (Ach, Berrin, *ich* war nicht anders, sondern ihr; auch jetzt bin nicht ich anders, sondern bloß so, wie auch Frauen sein sollten, normal.)

»Ich suche eine Stelle«, sagt sie, »ich muß arbeiten, ganz egal was. Eigentlich hätte ich mich schon früher danach umschauen sollen, als es noch nicht so dringend war, aber... Ich habe gehört, daß du es weit gebracht hast; kannst du mir hier nicht eine Stelle verschaffen?« sagt sie.

»Komm, laß uns zum Essen gehen, und dann erzählst du mir alles, schau, du weinst ja gleich, erzähl mir alles, damit es dir leichter wird.«

»Kritisier mich aber nicht, bitte. Wirf mir nicht vor, was für ein Idiot ich bin.

Gleich nach Abschluß des Gymnasiums hatte ich mich in einen verknallt, einen Apotheker, der zu uns nach Hause kam, um meinem Vater Spritzen zu geben. Wir waren befreundet. Ein anständiger Mensch. Groß, grauhaarig, nett. Wir begannen, miteinander zu reden, uns zu treffen. Schon beim ersten Mal sprach er von Heirat. Ich würde ihn heiraten und so von meinen Eltern freikommen. Du weißt ja, daß ich immer Hausfrau werden wollte. Meine Mutter hat mir von klein auf Handarbeiten und Kochen beigebracht. Diesen grauhaarigen, netten Menschen würde ich heiraten. Eines Tages nahm er mich in seine Wohnung mit. Das war eine seltsame Wohnung mit zwei alten Sesseln, vergilbter Bettwäsche, einem alten Bett; und in der Küche gab es nur ein paar Teller. Wir liebten uns. Ich schämte mich sehr. Wir wollten ja heiraten, aber trotzdem wollte ich nicht mit ihm schlafen. ›Stell dich nicht so an‹, sagte er, ›du zierst dich wie ein kleines Mädchen.‹ Er zerriß mir den Schlüpfer, tatsächlich, beim Ausziehen zerriß er ihn mir, und vergewaltigte mich. Trotzdem wurde ich glücklich, wir fingen an, uns häufig in dieser seltsamen Wohnung zu treffen, manchmal blieben wir auch über Nacht zusammen. Ich nähte sogar Gardinen, weil ich mir sagte: ›Der arme Junggeselle kann sich nicht um die Wohnung kümmern.‹ Aber er wollte nicht, daß ich dort etwas veränderte, und wurde wütend, wenn ich etwas mitbrachte. ›Laß die Wohnung, wie sie ist‹, sagte er.

Ich wurde schwanger und merkte das erst nach dreieinhalb Monaten, weil ich gar nicht darauf eingestellt war. Ich dachte, es wären die Männer, die sich um das Verhüten kümmern. Ich sagte es ihm. Er war entsetzt. ›Sofort läßt du das Kind wegmachen, ich bezahl's‹, sagte er. Wir gingen zum Arzt, zu einer Reihe von Ärzten, die alle sagten, sie könnten das jetzt nicht mehr machen, es sei zu gefährlich. Die Gebärmutter sei abgeknickt oder so, und inzwischen war ich ja auch im vierten Monat.

Abends trafen wir uns in der Wohnung. ›Sie nehmen es nicht

weg‹, sagte ich. ›Verdammt‹, schrie er, stürzte sich auf mich und fing an, mich zu schlagen. Ich war unter ihm, er drehte mir den Arm um. Ich hörte gleichzeitig, wie mein Knochen krachte und er den Satz sagte: ›Ich bin verheiratet, du blödes Weib. Das Kind kriegen, du bist wohl verrückt.‹ Ob es der Schmerz in meinem Arm war oder der seelische Schock – ich fiel in Ohnmacht.

Ich hatte nicht gewußt, daß er verheiratet war und mir nicht denken können, daß die so seltsam eingerichtete Wohnung seinem Laufburschen gehörte. Er weckte mich mit ein paar Spritzern Kölnisch Wasser und brachte mich gleich ins Krankenhaus, wo der gebrochene Arm gegipst wurde. Er war etwas weicher geworden. ›Was sollen wir machen?‹ fragte ich. ›Kannst du dich nicht scheiden lassen, wenigstens für eine Weile, und mich heiraten, und danach trennen wir uns wieder.‹ ›Berrin, ich liebe dich, aber ich habe zwei Kinder, meine Frau ist herzkrank, sie kann nirgends hin und läßt mich auf keinen Fall frei‹, sagte er.

Was sollte ich machen, von wem Hilfe erbitten? Es blieb mir nichts übrig, als mit dem verbundenen Arm nach Hause zurückzukehren. Meine Mutter bekam Schreikrämpfe. Ich sagte, ich sei ›gefallen‹. Und dann kam die wahre Katastrophe: ›Mutter, ich bin schwanger...‹ Dieses Mal mußte ich meine Mutter mit Kölnisch Wasser aus der Ohnmmacht aufwecken. Na ja. Wir beschlossen, es Vater und der Umwelt zu verheimlichen. Ich sollte bis zur Geburt des Kindes weit weg zu einer Tante fahren.

Als wir gerade zum Busbahnhof aufbrechen wollten – zum Glück war mein Vater nicht zu Hause – stand eine Frau an der Tür. Eine blasse, schmale, ungepflegte, aber junge Frau. ›Sind Sie Berrin Hanım?‹ fragte sie. Und dann fing sie an zu reden: ›Ich bin die Frau des Apothekers. Ich habe alles erfahren. Herzkrank bin ich nicht, ich habe bloß manchmal Herzklopfen. Außerdem habe ich zwei Töchter von dem Apotheker. Du kannst dir gar nicht vorstellen, was das für ein Scheißkerl ist. Du bist auch nicht die erste Frau, mit der er mich betrügt, nur hat es mit dir etwas länger gedauert. Ich weiß nicht, wo ich sonst bleiben sollte. Mein Vater ist gestorben. Meine Mutter hat irgendeinen Kerl geheiratet, und sie kommen finanziell gerade so durch. Ich habe nicht die Absicht, eine Geschiedene mit zwei Kindern zu werden. Du tust mir leid, das wollte ich dich wissen lassen. Wenn du seine

Geliebte oder so ein Dreck sein willst, von mir aus, aber warte nicht darauf, geheiratet zu werden, kapiert? Ich habe mich jahrelang für ihn geopfert; als er Student war, habe ich ihn unterhalten. Wenn ich ihn auch nicht liebe, so würde ich ihn doch nie einer anderen überlassen. Da sollst du ganz klarsehen.‹

Jetzt habe ich eine Tochter. Als mein Vater von der Geburt erfuhr – ob nun deswegen, oder weil seine Stunde gekommen war – starb er. Ich zog zu meiner Mutter. Wir verkauften die Wohnung und kauften eine andere. Mein Arm ist nicht ganz richtig angewachsen, schau mal, etwas schief, nicht? Der Apotheker schaut manchmal vorbei. Er hat die Vaterschaft sogar anerkannt. Ein guter Mann, das hätte er nicht tun müssen. Zu den Nachbarn und Bekannten sagen wir: ›Mein Mann fährt zur See.‹ Ob sie's nun glauben oder nicht, weiß ich nicht. Aber jetzt muß ich arbeiten, denn der Mann läßt sich ja so selten sehen, und Geld oder so zahlt er nicht. Die Rente von meinem Vater reicht nicht. Sevgi wird größer und damit die Ausgaben.«

»Wer ist Sevgi?«

»Meine Tochter.«

Ich schäme mich für meine Frage. Jeder hat seine eigenen Probleme. Ich bin in Gedanken schon bei der nächsten Konferenz, in der ich gleich zum ersten Mal französisch sprechen muß – sozusagen meine Französischprüfung. Der Chef wird auch teilnehmen.

»Sevgi verbraucht fürs Anziehen und Essen schon mehr als ich. Wir kommen nicht aus, wenn ich nicht arbeite.«

»Du hättest es vorgezogen, gar nicht zu arbeiten, Berrin. Lieber hättest du es gehabt, wenn der Apotheker sich hätte scheiden lassen und dich geheiratet hätte. In Wirklichkeit willst du gar nicht arbeiten, Berrin.«

»Das stimmt«, sagt sie.

72

Mit dem Eisenteil eines Spatens, mit der scharfen Schneide, haben sie ihn ins Kreuz getroffen. Quer. Während einer Auseinandersetzung.

»Von der Hüfte abwärts bin ich kaputt«, sagt JMK.

»Ist da alles kaputt?« frage ich. Er lacht.

»Nein, mein Leben, nur mein Kreuz ist beschädigt, und das wirkt sich auch auf die Beine aus.«

»Wird das immer so bleiben?«

»Nein, es soll angeblich wieder gut werden.«

JMK kommt regelmäßig zu mir. Jetzt ist auch nicht immer Serhat dabei. Ich mag JMK sehr. Wenn ich ihn sehe, sage ich mir: so sollte der Mensch sein. JMK liebt mich auch, er liebt mich sehr. Das spüre ich. Einmal, ein einziges Mal hat er es mir auch gesagt. An dem Abend, als ich die Tüte in das Geschäftshaus gebracht hatte, meinte er: »Das hätte ich nicht von dir verlangen sollen«, und dann: »Ich liebe dich sehr, weißt du.« Ich habe ihm geglaubt.

JMK wird mich mit einigen Freunden bekanntmachen, wir wollen uns zum Essen treffen. »Was sind das für Leute?« »Na, eben Menschen wie ich.« »Was soll ich anziehen?« JMK schaut mich seltsam an: »Komm wie du bist.« Nein, mein Lieber, wir gehen zum Essen. Wie kann ich so angezogen hingehen? Ich werde mir ein Kleid anziehen. Aber bei den Freunden von JMK zieht sich kein Mensch ein Kleid an, damit würde ich auf sie seltsam wirken. Bluejeans? In Bluejeans geht man doch nicht zum Essen aus. Ich ziehe meine andere Hose an. Irgendwie bin ich aufgeregt. Wie werde ich mit ihnen zurechtkommen, was werde ich sagen? Und wenn sie gewisse Dinge fragen?

Beim Essen gab es ernsthafte, hitzige Debatten. Hätte ich früher solche Reden gehört, so hätte ich nichts verstanden. Jetzt kenne ich alle Begriffe. Ich weiß auch, wer wer ist. Einzelne Personen werden verworfen, andere gerühmt. Es ist mir nicht langweilig. Wenn sie mich doch auch in ihren Kreis aufnehmen würden! Ich glaube ihnen, vertraue ihnen, aber sie mir? Wahrscheinlich nicht. Mit meiner schönen Kleidung, den friseurgepflegten Haaren und dem geschminkten Gesicht können sie mich wohl unmöglich als zu ihnen gehörig betrachten. Dabei verstehe ich sie, trotz meines Aussehens, doch das kann ich ihnen schwerlich beweisen.

73

Immer muß ich an JMK denken. Den eisernen Spaten hat er mit der Schneide ins Kreuz gekriegt. Sein Unterkörper ist kaputt. Na gut, und dann? Später?

JMK kommt klatschnaß geschwitzt zu mir. Sehr blaß, müde. Es ist etwas ganz Schlimmer passiert. In diesem Zustand repariert JMK den Wasserhahn, leert den Mülleimer und fängt an, in der Küche Eier zu braten. Er fragt mich nach meiner Arbeit, gibt Ratschläge. JMK gehört jetzt in jeder Hinsicht zu meinem Leben. Das ist mir plötzlich aufgegangen, als ich ihn in der Küche Essen machen sah.

Nach dem Essen sitzt er finster da, brütend. »Los, erzähl«, sage ich, »was war los, warum bist du so deprimiert?«

»Egal«, sagt er, »du sollst jetzt nicht auch noch deprimiert sein.« Ich umarme seinen Kopf, streichele seine Haare, er küßt mich, beginnt mich zu streicheln. Seine Hand berührt den Reißverschluß meiner Hose ...

Was passieren wird, weiß ich im voraus; was in drei Monaten, in drei Jahren sein wird. »Laß«, sage ich, »umarme mich ganz fest, bloß umarmen.« In dieser Nacht schlafen wir in einem Bett.

JMK ruft mich jeden Abend an. Er kommt in die Firma und in die Wohnung. Abends soll ich immer gleich nach Hause gehen. Er hat Zahnbürste, Rasierzeug, Kamm, Hemd und Hose bei mir. Auch zwei seiner Lieblingsplatten und ein paar Bücher. Eines Morgens finde ich seine ausgezogenen Socken am Boden. Er hat sie einfach liegenlassen und ist gegangen. Er hat mich nicht geweckt und hat die Socken nicht weggeräumt. In mir krampft sich etwas zusammen. Aber JMK ist für mich wie eine Stütze. So langsam tue ich nichts mehr, ohne ihn zu fragen: wie ich mich gegenüber Süleyman verhalten soll; wie er meine neuen Vorschläge, die Arbeit betreffend, beurteilt und ob ich darüber schon zu Doğan Bey sprechen soll. Ob das Kleid, das ich anhabe, zu glitzernd ist. Ob mir flache Schuhe besser stehen. Ob ich von den idiotischen, frechen Mädchen in der Firma Abstand halten soll...

Aber was wir abends machen, wo wir essen, was wir essen, wohin wir gehen – das alles entscheide ich. So wie ich auch das

Auto fahre. Es ist meine Sache, das Terrain zu erkunden. Was werden wir tun? Was sind wir? Warum?

74

JMK ist der beste Mensch der Welt. Wenn ich sage »stirb«, dann stirbt er. Aber ich müßte auch für ihn sterben, wenn er das wollte. Dabei bin ich langsam zu alt, an diese Art von Beziehungen zu glauben. Die Menschen sollten weder »stirb« zueinander sagen, noch sollte jemand sterben, weil es ein anderer sagt. Und niemand sollte sich rühmen, daß ein anderer für ihn sterben würde. Niemand soll von einem anderen etwas verlangen, erwarten. Vor allem nicht, daß der andere sich ändert. Weißt du nicht, daß, wenn ich mich ändere, ich nicht mehr die Person bin, die du liebst, und daß du mich vielleicht dann nicht mehr liebst.

Die Sachen von JMK in meiner Wohnung werden immer mehr. Ich versuche, seine Platten und Bücher von den meinen getrennt zu halten, aber sie vermischen sich. Ich schreibe unsere Namen drauf. Auch unser Geld vermischt sich manchmal. Wer gerade mehr hat, zahlt für den anderen. Aber das will ich nicht. Ich will von niemandem etwas annehmen.

JMK hat mir seine ganze Liebe gegeben. Ich kann in seiner Umarmung schlafen, aber wir umarmen uns bloß. Wie schön. Und JMK weiß, was er will. Ein kleines Heim voll warmen Vertrauens. Ehe. Kinder. Jeden Abend um sieben von der Arbeit kommen. Er will, daß alles auf seinem Platz ist, alles seine Ordnung hat. Wenn ich an einer Besprechung teilnehme und später heimkomme, zieht er ein Gesicht. Das Wochenende soll ich nur mit ihm verbringen. Die Musik, die ich liebe, mag er nicht. Da ich nicht alleine ins Konzert gehen soll, kommt er mit. Aber die ganze Zeit langweilt er sich, kann nicht ruhig sitzen, will zwischendurch aufstehen. Noch während des Beifalls zieht er mich an der Hand raus. Wenn ich sage: »Laß mich halt alleine gehen«, antwortet er: »Ich komme ja schon mit dir.« Außer mit ihm soll ich mich mit nichts befassen, niemanden lieben, sehen, sprechen.

Er liebt mich. Er hat lange nicht mit einer Frau zusammengelebt. Er glaubt wie jedermann, es sei richtig, so eng, Gesicht zu

Gesicht, Nase zu Nase, aneinander zu kleben. Seiner Meinung nach ist Freiheit die Freiheit zweier Personen. Im Zusammenleben kann der einzelne nicht frei sein. Er glaubt, alles zu wissen, dabei gibt es so vieles, was er nicht weiß.

Mehmet hingegen war unentschlossen. Er liebte die Trauer und die Entbehrung, den leidenschaftlichen Wahn. Hätten wir alle Probleme gelöst und wären gemeinsam in eine Wohnung eingezogen, so hätte er das nicht zwei Tage ausgehalten. Denn seine Leidenschaft ließ sich nur aufrechterhalten, wenn die Erfüllung fehlte, wenn er kämpfen mußte. Heimlichkeit, Kampf, Widerstand. Das nährte die Leidenschaft.

JMK hingegen liebt die Sicherheit. Er sucht nicht Entbehrung und Kampf, sondern Frieden. Das Einfache.

Aber mit JMK explodiert nichts, brennt nichts, zündet nichts. Alles ist friedlich und alltäglich, normal. Als ob nicht Veränderung, ein Tauziehen, Bewegung für das Leben, die Lebendigkeit notwendig wären. Freundschaft, Liebe, Sex, Spannung, Wertschätzung, Unabhängigkeit – alles das sollte zusammenkommen. Ob das möglich ist? Gibt es das nicht? Immer nur Entweder-Oder? Wenn das eine im Überfluß vorhanden ist, fehlt das andere...

In den vielen Jahren meines Lebens habe ich nur dieses eine gelernt, dieses Rezept: Entfliehe einer Konstellation, in der du nicht glücklich bist. Dafür mußt du stark sein, dir selbst genügen.

75

JMK kommt heim mit leichenblassem Gesicht, als würde er gleich ohnmächtig. »Setz dich hin«, sage ich. Er setzt sich, umarmt mich. Er zittert stark. Er spricht nicht. So vergeht wohl eine Stunde. Es macht mich wahnsinnig. »Erzähl, erzähl, erzähl. Es reicht, Schluß mit dieser Heimlichtuerei«, schreie ich.

Sie hatten Mitteilungen verteilt. Dann war eine Versammlung gewesen, danach hatte er einen Termin mit den Vertretern der ihm übergeordneten Zellen. Er sollte über die Durchführung seines Auftrags berichten. Also fing er an, dem Mann, der gekommen war, vorzutragen, aber dieser hörte gar nicht zu. Dabei war es ein naher Bekannter, den JMK für die Bewegung gewonnen hatte. Aber inzwischen hatte sich die Lage insofern verändert, als jener zur übergeordneten Zelle gehörte. Deswegen verehrte JMK ihn wohl sehr. Plötzlich unterbrach ihn der andere: »Halt mal. Du hast eine Beziehung zu einem Mädchen.« »Ja, was ist dabei?« fragte JMK. »Du hast dich falsch verhalten, du mußt Selbstkritik üben.« »Weshalb sollte ich Selbstkritik üben?« »Erstens ist das Mädchen, mit dem du zusammen bist, für unsere Bewegung gefährlich, der verkehrte Mensch. Zweitens hast du zu Beginn dieser Beziehung der Bewegung keine Meldung gemacht, keine Erlaubnis eingeholt, das ist ein noch größerer Fehler.« »Ich glaube nicht, daß ich das mußte. Auch bildet das Mädchen für die Partei, für unsere Bewegung keine Gefahr. Wenn es so wäre, wären wir nicht zusammen. Zudem weiß sie gar nicht, was ich tue. Diesen Fehler habe ich nicht begangen und werde es auch nicht tun. Schon damit ihr nichts passiert.« »Mein Auftrag ist, dir die Instruktion weiterzugeben. Die Kameraden lassen dir mitteilen, daß du von allen Pflichten entbunden bist, bis du Selbstkritik geübt hast.« »Sag den Kameraden, daß ich mit ihnen diskutieren will. Sie fassen ohne mein Wissen schwerwiegende Entschlüsse«, sagte JMK. Der andere war einverstanden, und sie vereinbarten ein weiteres Treffen. Zu diesem Treffen kam wieder der Bekannte, aber die anderen Kameraden nicht. »Sie haben nicht die Absicht, mit dir zu diskutieren.« »Dann richte ihnen aus, ich habe ebenfalls nicht die Absicht, Selbstkritik zu üben. Ich habe nichts Verkehrtes getan, nur eine Frau geliebt. Haß ist nicht die einzige Wirklichkeit im Leben«, sagte JMK.

Der Kamerad habe die Brauen gerunzelt. Es sei ihm nicht leicht gefallen, das zu sagen, aber er habe es doch getan: »Wir wußten, daß du diese Antwort geben würdest, deswegen bin ich schon vorbereitet erschienen. Du bist aus der Gruppe ausgestoßen.« »Das ist eure Sache«, habe JMK noch sagen können.

Er ist total erschüttert, zusammengebrochen. Daß sich die Schicksalsgenossen so langer Jahre auf einen Schlag von ihm trennen konnten, hat ihn tief getroffen.

»Mach dir nichts draus«, sage ich. (Wegen der Liebe vom Dienst suspendiert zu werden – da gibt es anscheinend ein paar

Varianten.) Aber er tut mir sehr leid. Wie kann ich diese Verantwortung tragen?

»Um meinetwillen, alles meinetwegen«, sage ich laut.

»Nein, Geliebte, deinetwegen alleine nicht. Es gibt noch eine Reihe anderer Gründe. Du bist mit deinem Zorn, deiner Liebe, deiner Natürlichkeit, deiner Aufrichtigkeit das Leben selbst.«

Ich streichele JMK die Haare. Er ist so deprimiert. (Was ist verkehrt an mir, so daß sie mich mit ihm nicht zusammensein lassen wollen?)

»Deswegen, deswegen, Geliebte, wirst du mich heiraten. Wir heiraten, sofort morgen. Wo oder wie immer, morgen heirate ich dich.« Das ist keine Frage, sondern ein Befehl.

Plötzlich entsteht eine seltsame Stille zwischen uns. In dieser Nacht sprechen wir nichts mehr.

76

Ich sitze mit geschlossenen Augen im Sessel und stelle mir vor, wie es wäre, mit JMK verheiratet zu sein. Zweifellos liebt er mich sehr. Ein guter Mensch, voller Liebe, Wärme (auch wenn nichts explodiert, brennt, sich entzündet). Ein Miteinander voll Vertrauen und Frieden. Jeden Abend um sieben sind wir zu Hause. Wir arbeiten beide. Ich verdiene zwar mehr als er, aber er erinnert mich immer daran, daß Geld nicht so wichtig sei, und falls ich zu arbeiten aufhörte, sein Einkommen für uns beide reichte.

Und er will ein Kind. (Ein junger Mann; hat er nicht ein Recht drauf? Ich muß ihm ein Kind gebären. Ein Kind für ihn.) Ich gebäre also eins. (Das ist unsere eigentliche Pflicht. Nicht zu gebären haben wir nicht das Recht. Wenn du es nicht tust, fragt jeder: »Wann?« oder »Geht es etwa nicht?« Sie bemitleiden dich, finden, daß dir etwas fehlt.)

Er ist immer rücksichtsvoll, immer höflich. Manchmal sagt er: »Du hast dich etwas zu sehr angemalt« oder »Du solltest die Haare zusammenbinden« oder »Benimmst du dich diesem Mann gegenüber nicht zu vertraulich?« oder »Warum arbeitest du so viel, was soll der Ehrgeiz, reicht das Geld etwa nicht?« oder »Meine Mutter kann nicht auf die Kinder aufpassen, sie ist zu alt.

Solltest du sie nicht besser selbst erziehen?« oder »Was brauchen wir andere Leute, reicht dir meine Liebe nicht?« oder »Ja, ich weiß, es ist dein Kollege, ich bin auch nicht konservativ, aber wenn ihr dauernd beisammen seid, gibt es Gerede, die Menschen sind schlecht« oder »Ich mag diese Cocktails und Konzerte nicht, du kannst von mir aus alleine hingehen. Aber ist das denn richtig? Was sagen die Leute?«

Ich habe mich in meinen Sessel gekuschelt und die Augen fest geschlossen. Unsere Kinder laufen um mich herum. Ich bin von der Arbeit gekommen, bin müde, ich muß für die Kinder Essen kochen. Ich bin auch vom Einkaufen müde. Was soll ich kochen? Gemüse in Olivenöl schütte ich oft weg, das mögen sie nicht. Sie wollen bloß immer Köfte und Pommes. Ich dagegen habe gerade überhaupt keine Lust, Hackfleisch zu kneten und Kartoffeln zu frittieren. Aber ich bin ja für sie erschaffen worden. Ich muß für sie leben. Es macht mich wahnsinnig, daß ich Dinge, die ich nicht will, gezwungenermaßen tun muß. Das große Kind reißt dem kleinen an den Haaren, das kleine hingegen beißt. Sie schreien wie die Irren. Am liebsten möchte ich aufspringen und die beiden verprügeln, aber das darf ich nicht, denn Schläge sind etwas sehr Schlimmes. Meine Augen sind noch immer fest geschlossen. Ich träume davon, meine Lieblingsmusik zu hören und ein schönes Buch zu lesen. Ich sehne mich nach Stille, einer tiefen Stille. Während die Kinder noch kreischen, klingelt es, und ihr Vater kommt, umarmt sie. Es ist ein guter Mann, fürsorglich, hilfsbereit. Aber leider bringt er nichts richtig zustande. Der Arme, wer hat es ihn denn gelehrt, er hat keine Schuld. Er schält Kartoffeln und schnitzelt sie. Ich will keine Köfte kneten, aber Väter können das eben nicht. Nicht mal das schaffen sie, während wir, geschickt und begabt, auch da überlegen sind. Während ich das Hackfleisch in die Schüssel tue und die Zutaten hineinwerfe, fange ich an zu schreien: Schau her, das kommt dran und das, und dann Salz, Pfeffer, und dann knetest du es so und so! Ich knete, als hätte ich den Kopf eines Feindes unter den Händen. Ist dieser Feind etwa der Vater des Hauses? Ist er mein geheimer Feind, weil er mich in diese Lage gebracht hat? Er schaut mich erstaunt an. Was gibt's für einen Grund, beim Köftekneten so wütend zu werden?

Die Fleischplätzchen und die Kartoffeln brutzeln, der verständnisvolle Vater deckt den Tisch. Die Kinder werden mit Mühe gefüttert, sie sind nicht satt, wollen noch Nachtisch. Ich toaste Brot und bestreiche es mit Marmelade. Tisch abdecken, Geschirr spülen. Ihr Vater räumt nach dem Essen nicht gerne sofort ab. Er raucht gerne noch gemütlich eine Zigarette. Auch ich räume nicht gerne ab, aber es muß sein. Ich tue es also. Das Geschirr muß gespült werden. Folglich spüle ich. Manchmal läßt er sich herbei und hilft. Aber so, daß man immer spürt, es ist eine Gunst. Wenn er nicht möchte, muß er es nicht tun, denn es ist nicht seine Pflicht.

Eines der Kinder weint drinnen. Der Vater schreit es an; das Kind ruft nach mir. Ich gehe rein. Der Vater sagt: »Warum hast du denn abgewaschen? Das hätten wir doch später gemeinsam machen können.« Ich schaue ihn wütend an. Aus dem Büro habe ich Akten mitgebracht, die ich noch durchlesen muß. Aber ich bin so müde, daß mir die Augen zufallen. Der Vater sagt: »Muß das denn jetzt sein? Du bist müde.« Tatsächlich bin ich nicht mehr in der Lage dazu. Morgen werde ich sehr früh aufstehen und die Kinder zur Großmutter bringen. Auf dem Heimweg werde ich einkaufen. Wieder müssen Köfte geknetet werden. Am Abend wird ein Konzert gegeben, aber wie soll ich denn hingehen? Die Großmutter kann abends nicht auf die Kinder aufpassen, sie ist müde, und ihr Vater will nicht mit ihnen alleine bleiben. Wenn ich sie auch nur zwei Stunden alleine ließe, geriete der Mann in Panik, weil er nicht mal weiß, was die Kinder trinken, wie sie essen, wie sie Pipi und Kacka machen.

Wir gehen zu Bett. Der Vater umarmt mich. Ich stoße ihn mit dem Knie an, leise, die Kinder werden uns hören. Sie hören nichts, sagt er. Ich will nicht, ich bin müde. Sowieso weiß ich Zeile für Zeile, was kommt. Er hat gelernt, wie, wo ich Lust empfinde und wendet das Wissen hastig und wie automatisiert an. Nichts von Vulkan, Feuer, Lava, Explosion, Erregung, Tränen. Ich versuche, alleine mit meinen Phantasien, mit meinen eigenen Methoden, in Schweiß gebadet, Lust zu gewinnen und er, wer weiß wo, wie. Nur unsere Körper sind zusammen. Ansonsten ist jeder einsam. Könnte ich doch schlafen.

Ich öffne die Augen... Ich bin in meiner Wohnung, alleine in meinem weichen Sessel. Es ist still. Leise spielt meine Lieblingsmusik. Ich habe Hunger, aber jetzt will ich nichts essen. Mich friert. Ich werde vor dem Schlafengehen essen. Wann ich will. Die Küche ist aufgeräumt. Ich hole tief Luft. Ein großes »Nein« reißt sich mir vom Herzen los. Nein, nein, nein. Um des Vertrauens und des Friedens willen: nein. Um meiner Prinzipien willen: nein. Ich will Liebe, Freundschaft, aufregenden Sex, alles miteinander. Und das werde ich finden.

Wenn JMK zurückkehrt, werde ich ihm meine Entscheidung mitteilen. Ich will kein ruhiges (einfältiges), sicheres (spannungsloses), bequemes (gebundenes) Leben. Sondern ein abwechslungsreiches, aufregendes, selbständiges. Geht das nicht? Ohne gegenseitige Besitzansprüche? Gemeinsam, aber getrennt? Zwei Menschen, aber frei und jeder für sich?

Wenn all das, was ich suche, nicht bei dir zu finden ist, JMK, kann ich nicht mit dir zusammenbleiben, denn wenn ich dich heirate, bedeutet das, auf alle anderen zu verzichten. Bist du denn so hervorragend? Und wenn nicht? Und wenn ich dann einen treffe, der alles hat, was ich suche? Bist du so außergewöhnlich, daß ich auf alle anderen verzichten könnte?

Nein.

Ich schlafe in meinem Sessel ein.

77

»Wie immer du dich entscheidest, du sollst wissen, wenn du mich brauchst, kannst du mich rufen, ich komme gelaufen. Wo immer, unter welchen Umständen auch immer ich mich gerade befinde«, hatte JMK gesagt, ehe er ging.

»Gut«, hatte ich gesagt.

»Ich liebe dich sehr, das sollst du wissen.«

»Gut«, hatte ich gesagt und ein »Ich dich auch« nicht aussprechen können. (Wird deine Liebe meine Freiheit beschneiden? Mich verändern, unterdrücken, vernichten? Wirst du mich immer beschützen? Ich will nicht beschützt werden, das brauche ich nicht.)

»Alles Gute«, hatte er gesagt und mich umarmt. Ich hatte meinen Kopf auf seine Schulter gelegt. Seine Arme sind sehr stark. Dieser Mann weiß wohl, daß die Frauen mit den Männern nicht bloß Liebe machen wollen, sondern sich in erster Linie eine Schulter zum Anlehnen wünschen und eine liebe Hand, die die Haare streichelt. Sexualität rangiert erst unter ferner liefen, das hat dieser Mann offenbar verstanden.

Er hatte mich in seine starken Arme genommen, und unter der Tür waren wir hin und her geschaukelt. Aber diese starken Arme sind sehr stark. Er will, daß ich sein Alles sei, so wie er sich das vorstellt, und seiner würdig. Ich soll ihn rufen, brauchen. Er ist zärtlich, aber befehlsgewohnt. Und er hat sehr wichtige Aufgaben, er ist ein wichtiger Mensch. Am Abend kommt er, durchgedreht von diesen wichtigen Aufgaben, nach Hause, müde und abgespannt. Ich bin dann immer besorgt, ob er mich vielleicht nicht mehr liebt, mich betrügt, denn heute hat er meine Haare nicht gestreichelt, mich im Bett nicht umarmt. Aber er wird mich immer lieben, ganz tief.

Ich habe, wie wir alle, die Vorstellung, daß das Glück des Lebens die Liebe sei; er sieht, wie sie alle, den Sinn des Lebens in der Kraft. Und das, was mir fehlt, wird im Laufe des Lebens immer mehr werden: die vielen Vielleicht, die innere Bedrängnis, das Herzklopfen. Und dieses ganze Nichts kann ich nicht einfach hinter mir lassen und gehen. Womöglich habe ich ein Kind, das erst erwachsen werden soll, ehe ich gehen kann. Und Jahre vergehen mit gefrorenen Blicken, eingebildetem Glücklichsein, mit der Entbehrung und dem Warten darauf, daß das Kind groß wird. »Mach's gut und gib auf dich acht«, hatte ich gesagt.

Ein glücklicher Morgen. Ich weiß, was ich will. Ich glaube an mich. Ich liebe mich selbst. Ich werde leben, noch viel lernen, kämpfen. Wenn das ungewöhnlich ist, gut, dann werde ich ungewöhnlich sein. Ich werde mich nicht selbst verraten, mich ihnen nicht anpassen. Wer sind »sie«? Wer hat sie diese Normen gelehrt? Wer hat beschlossen, uns zu etikettieren? Wer hat uns dazu verurteilt, auf einer niedrigeren Stufe zu leben, für sie und nach ihren Regeln?

Wenn Liebe die Grundlage meines Lebens ist, werde ich für die Liebe leben. Wenn Spannung der Kern des Lebens ist, will ich nie ohne Spannung bleiben. Geht es um Berühmtheit, will ich berühmt sein; um die Arbeit, dann will ich zum höchsten Posten aufsteigen; um Geld, so will ich reich sein; geht es darum, den Nacken nicht zu beugen, dann beuge ich ihn nicht. Und wenn alles dieses miteinander gefordert wird, dann kann ich auch alles vereinen. Sie werden mich nicht in ihre Schablonen pressen, sie werden mir nicht ihr Etikett aufkleben. Ich werde mich nicht unter ihren Schutz begeben. Mir fehlt, im Vergleich mit ihnen, nichts – das werde ich ihnen beweisen. Ich werde nicht die zweite Stelle einnehmen. Wenn es nötig ist, werde ich sie, zum Beweis meiner Stärke, ständig mit Regenwürmern bewerfen.

Ein glücklicher Morgen. Ich höre Musik, habe mir Kaffee gemacht, es ist noch sehr früh. Ich habe mir eine Zeitung geholt, mich im Sessel vergraben, mir geht's gut, ich trinke mein Glück Schluck für Schluck. Aber die Zeitungen sind schwarz, sehr schwarz. Wenn die Menschen auf der Welt unter diesen Umständen leben, wie können wir da glücklich sein? Ausbeutung, Unterdrückung, Gewalt, Vergewaltigung, Mord und Totschlag, Gefängnis, Folter, Hinrichtung, Krieg, Hunger, Revolution, Zwang, Raub. Wie kann ich in meiner Wohnung glücklich sein, in meinem weichen Sessel?

Eine Nachricht. Eine der alltäglichen kleinen Nachrichten, an die wir uns gewöhnt haben. Gestern in einem Café nahe der Universität gab es einen bewaffneten Überfall. Drei Personen erschossen, sie waren sofort tot. Die Täter flohen mit dem Auto. Die Polizei fahndet weiterhin. Auf dem Foto über der Meldung sieht man das Café nach dem Überfall. Auf dem Boden drei Menschen. Schemel, Tische umgeworfen, die Mauern voller Einschüsse, überall Blut. Neben einem großer Körper eine Krücke. Der große Körper liegt mit dem Gesicht nach unten, und daneben die Krücke. Die Namen, die Namen sind auch abgedruckt. Eine Krücke neben dem großen Körper; die großen Hände umklammern das Ende der Krücke.

(Mit dem Eisenteil eines Spatens, mit der scharfen Schneide, haben sie ihn quer ins Kreuz getroffen, bei einer Auseinandersetzung, »Von der Hüfte abwärts bin ich kaputt«, sagt er. »Ist alles kaputt?« sage ich, und er lacht. »Nur mein Kreuz ist beschädigt, und das wirkt sich auch auf die Beine aus, natürlich.« »Wird das immer so bleiben?« »Nein, es soll wieder gut werden. – Wie auch immer du dich entscheidest, vergiß nicht, wenn du mich brauchst, ruf mich. Wo immer, unter welchen Umständen auch immer ich mich gerade befinde, ich komme gelaufen.«)

Komm, du großer Mann, komm, ich brauche dich. Ich bin so alleine, komm, daß ich dir den Kopf auf die Schulter legen kann. Halte mich mit deinen starken Armen fest, komm und tröste mich. Du wolltest doch auf jeden Fall gelaufen kommen, so komm.

Wirst du mir jetzt alles aus der Hand nehmen? Wird mir denn alles, was ich liebe, eins ums andere, weggenommen? Bei wem soll ich mich jetzt ausweinen, an wen mich drängen, von wem meine Haare streicheln lassen?

Ich weine, und meine Tränen strömen unaufhaltsam. Ich umschlinge mich selbst fest mit meinen Armen und schaukele hin und her. Mit Kinderstimme sage ich zu mir selbst: still, still, Kleines.

78

Als Frau bei so einer Arbeit an diesen Punkt zu gelangen, alle Achtung! Da muß man gratulieren! So sagen sie zu mir, die einen lächelnd, andere voller Zweifel, noch andere mit Bewunderung. Den männlichen Kollegen im gleichen Beruf gratuliert man nicht derart warm, niemand staunt über sie.

Ich gehe auf Reisen. Meine Reisen im Inland sind eine Kette von Abenteuern.

Die Aktentasche in der Hand, entschlossen und mit ernstem Blick, bei jedem Schritt die Absätze wie ein Soldat auf den Boden knallend, nähere ich mich der Rezeption. Der Diensthabende lächelt und fragt äußerst höflich: »Sind Sie alleine?« »Ja, alleine.« Das Lächeln verschwindet nicht aus seinem Gesicht, er ist außerordentlich zuvorkommend und höflich. Irgendwie kann er wohl nicht glauben, daß ich alleine bin. »Dann gebe ich Ihnen ein Einzelzimmer«, sagt er. »Natürlich, ein Einzelzimmer«, sage ich. (Weshalb bin ich denn wohl hergekommen? Was werde ich wohl hier wollen? Ich muß ihm sagen, daß ich an der Konferenz teilnehme, die der Generaldirektor jenes Konzerns einberufen hat, und daß ich ebenfalls Generaldirektorin bin. Wenn ich nichts sage, wird er neugierig, und seine Phantasie läßt ihn ganz andere Dinge vermuten.) Also sage ich es.

Abends im Speisesaal, als ich alleine an meinem Tischchen sitze, bemühen sich die Kellner um mich. Sie wollen mich partout in der Tiefe des Raumes vor einer Wand plazieren. Ich will aber am Fenster sitzen; das macht sie nervös, weil ich es abgelehnt habe, mich von ihnen beschützen zu lassen. Auch an den anderen Tischen sitzen einzelne Personen. Ich beachte sie gar nicht, doch sie schauen mir erstaunt zu. Ich muß meine Gesichtsmuskeln anspannen und darf nur ja nicht lächeln, sondern ich muß hart und kalt erscheinen.

Die Kellner betreuen mich den ganzen Abend. Einer der Herren schickt mir einen Zettel, ob er an meinen Tisch kommen dürfe. Der Kellner wartet meine Antwort ab, wobei er sich bemüht, ernst zu bleiben. Ich sage: »Schauen Sie, an den Tischen hier herum gibt es eine Reihe Männer, die zu diesem Kerl passen. Wenn er nicht alleine sitzen will, soll er sich einen von denen rufen. Ich bin eine Geschäftsfrau und wüßte nicht, was ich mit dieser Kanalratte zu reden hätte.« »Sehr wohl, gnädige Frau, Entschuldigung, gnädige Frau.« Ich rufe ihm nach: »Aber richte es genau so aus, wie ich gesagt habe.«

In einer anderen Stadt, in einem anderen Hotel macht sich nachts jemand an meiner Tür zu schaffen. Ich telefoniere nach unten, jemand kommt und schaut nach, aber kein Mensch ist zu sehen. Später bewegt sich der Türgriff wieder, rauf und runter. Wie in einem Horrorfilm. Ich kann die ganze Nacht nicht schlafen, dabei habe ich doch am nächsten Tag eine wichtige Verhandlung.

Ich steige in ein Taxi, um zu meiner Verhandlung zu fahren. Der Fahrer schaut mich lachend an und fixiert mich immer wieder durch den Rückspiegel. »Sie sind wohl aus Istanbul?« fragt er. Der Ausdruck bedeutet auch soviel wie: »Sind Sie eine Hure?« Dieser Mann, ein armer, unterdrückter, ungebildeter, hilfloser Mensch, grinst mich im Rückspiegel an. Er ist bereit, mich zu unterdrücken, in die Enge zu treiben, abzulecken und aufzufressen und glaubt noch dazu im Recht zu sein. Muß ich ihm nun auch erklären, daß ich eine Geschäftsfrau bin und daß ich mit dem und dem zu einer Verhandlung verabredet bin?

Er biegt auf eine baumbestandene Seitenstraße ab. Ob ich den Stausee schon gesehen hätte, wir könnten doch ein bißchen spazierengehen. Mir wird es ganz anders, die Farbe weicht mir aus dem Gesicht. Ich beginne ihn fürchterlich anzubrüllen: »Was glaubst du, wer ich bin, fahr sofort zurück, du kriegst sonst Mordsschwierigkeiten, ich hab mir beim Einsteigen deine Nummer gemerkt, du Scheißkerl, fahr sofort zurück, wenn dir nicht was Schreckliches passieren soll, Rindvieh.« Ich halte mich mit einer Hand am Türgriff fest und schreie. »Sei nicht böse, Liebling«, sagt er, »gut, wir fahren zurück, ich dachte, wir könnten ein bißchen spazierengehen.«

Er fährt zurück. Ich steige aus und versuche, die Nummer des Kennzeichens im Kopf zu behalten. Ich habe es eilig. Als ich das Gebäude erreiche, wo meine Verhandlung stattfindet, ist meine Gesichtsfarbe noch immer gelb, und ich zittere am ganzen Körper. Ich hatte schreckliche Angst.

Ich muß aus einem kleinen Ort in die Großstadt zurück und steige in einen Autobus. Der Mann neben mir schaut mich dauernd an. Seine eine Hand ist neben mir auf dem Sitz. Ich muß ständig auf der Hut sein. Wird er versuchen, mich zu berühren? Mein Herz klopft wie verrückt. Und tatsächlich gleitet die Hand des Mannes wie eine Schlange in Richtung meiner Hüfte. Ich umklammere sein Handgelenk und zische zwischen den Zähnen hervor, er solle sofort verschwinden, andernfalls würde ich ihm »in den Mund kacken« und »seine Mutter ficken«. Der Mann ist sprachlos. Vielleicht hat er gedacht, ich würde mich fürchten und mit gesenktem Nacken in mein Schicksal ergeben. Er überlegt einen Moment, ob er auf diese Männerflüche antworten oder besser aufstehen soll. Er steht auf. Die Leute um uns herum schauen zu mir her und lachen. Wie eine Schuldige werde ich rot.

Für gewöhnlich ziehe ich Reisen im Flugzeug vor. Es ist sowieso das Bequemste, und dort fassen einen die Mitpassagiere wenigstens nicht an. Die Männer sind kultiviert und sehen in einer alleinreisenden Frau nicht gleich eine Hure. Aber was sehen sie dann in ihr? Im Flugzeug sitzen vorwiegend Geschäftsleute, und mit großer Wahrscheinlichkeit komme ich neben einen von ihnen zu sitzen. Sie suchen das Gespräch über die Arbeit und Freundschaft. »Können wir den Abend gemeinsam verbringen? Sie langweilen sich doch alleine in dieser Stadt.« Diese Männer sind alle verheiratet, was ihre Freiheit aber in keiner Weise beschneidet. Alle verheirateten Männer, die ich kenne, ja wirklich alle, interessieren sich für Frauen, versuchen, Beziehungen anzuknüpfen. Als wären Männer unwiderstehlich, außergewöhnliche Geschöpfe, denen sich niemand widersetzt. Zumal nicht, wenn sie Geld haben.

Ich erzähle meinen männlichen Bekannten von diesen Dingen, beklage mich. »Du bist aber...« sagen sie. »Wie viele Frauen gibt es schon in deiner Lage? Was beklagst du dich, du bist undankbar.«

»Gut, passieren euch denn solche Dinge auf einer Geschäftsreise? Werdet ihr im Hotel, im Autobus, im Flugzeug als seltsames Wesen, Hure, Objekt angestarrt? Versucht man, eure Hüfte anzufassen, eure Beine, eure Brust zu fixieren? Will ein Taxifahrer euch entführen? Schickt man euch im Restaurant Zettelchen? Müßt ihr, um nicht als leichtes Mädchen zu erscheinen, euch bemühen, mit finsterem Gesicht herumzulaufen, nicht laut zu lachen, nicht gleich zu lächeln? Müßt ihr, zum Beweis, daß ihr Geschäftsleute seid, immer ernst sein?«

»Nööö!« sagen sie.

79

Von selbstverdientem Geld habe ich mir eine Wohnung gekauft und nach eigenem Geschmack eingerichtet. Die Raten für diese Wohnung werde ich selbst bezahlen. Ich kann meine Musik hören, essen, was ich will und wann ich will. Ich treffe mich mit den Leuten, die ich will, an Orten, die ich mir aussuche.

Ich habe die Freiheit, zwischen den Männern, die mich zum Essen einladen, zu wählen. Ich gehe aus. Aber wie alles sich immer gleicht. Die Vorwände, mich ausführen zu wollen, die Restaurants und hinterher die Arten, mich nach Hause zu bitten. Nichts daran ist natürlich. Alles Lüge, alles falsch, alles künstlich...

»Ich möchte mit dir über die Arbeit sprechen. Wenn du Zeit hast, laß uns irgendwo sitzen und was zu uns nehmen.« »Heute ist es sehr heiß. Wollen wir nicht essen gehen und uns erfrischen?« »Es ist noch ziemlich früh, können wir bei mir nicht einen Kaffee trinken?« »Ich habe eine neue Platte von deinem Lieblingsmusiker, die in Europa erschienen ist. Laß sie uns bei mir anhören, du wirst begeistert sein.«

Keiner sagt einfach: »Ich mag dich sehr, ich möchte mit dir flirten. Da wüßte ich ein nettes Restaurant, wo wir die Sache gleich mal besprechen und ausprobieren können.« »Wir haben einen schönen Abend verbracht; ich möchte heute nacht mit dir zusammenbleiben. Wenn du auch willst, gehen wir zu mir oder zu dir, was meinst du?«

Würden sie so sprechen, bräche etwas zusammen. Die schlimmen Gefühle des Mannes würden offenbar. (Warum sollen diese Gefühle schlimm sein?) Wenn man die Frau nicht zu so unschuldigen Dingen wie Kaffee, Schallplatten einlädt, und wenn die Frau nicht so tut, als fiele sie drauf rein und ginge deshalb mit, ist die Ehre der Frau verletzt. (Was hat das mit Ehre zu tun, es geht lediglich darum, ob man Lust hat.)

Die Verheirateten verhalten sich auch alle nach demselben Muster. »Die Ehe ist eine sehr monotone Sache, eigentlich notwendig, aber es klappt nicht, der Mensch spürt, daß etwas fehlt. Es besteht sowieso kaum noch eine Beziehung zu meiner Frau, wir haben sogar getrennte Zimmer. Aber die Kinder, die Familie, die Gesellschaft... Man muß die Sache halt weiterführen, was soll ich machen? Und wenn du wüßtest, wie unglücklich ich bin. Wie sehr ich eine so unabhängige, verständnisvolle Frau wie dich brauchte. Meine Frau tut mir leid, aber ich kann sie ja nicht wegschicken.« Keiner von ihnen sagt mal: »Ich liebe meine Frau, aber ich möchte mit dir zusammensein.«

(Dabei kann ich mir das häusliche Leben der meisten vorstellen. Eilig nach Hause rennen, bei jedem Seitensprung atemlos Lügen über Sitzungen und Arbeitsessen vorbringen, ausgerechnet an jenen Abenden sexuellen Kontakt mit der Ehefrau suchen, wenn auch ohne Lust. Den Kindern den glücklichen Vater vorspielen. Wenn die Seitensprünge häufiger werden, bekommt die Gattin teure Geschenke, wird ausgeführt und darf verreisen.)

Nach dem Essen zahlt immer der Mann, sogar unter Bekannten übernimmt der Mann die Rechnung, selbst wenn er abgebrannt ist und in meinem Portemonnaie zehnmal soviel Geld steckt. Aber meine Freunde habe ich inzwischen soweit erzogen, daß wir den Betrag teilen.

Die anderen ziehen ihre Brieftasche und halten sie leicht unter der Tischfläche. Sie bemühen sich (im Zusammenspiel mit dem Kellner), mich keinesfalls den Kassenzettel sehen zu lassen. Wenn sie bezahlen, erwerben sie damit quasi das Recht, alles von mir zu verlangen. Ich habe angefangen, darauf zu bestehen, entweder die Hälfte oder das Ganze zu bezahlen. Sie sind sehr erstaunt, böse, beleidigt. »Aber ich habe dich eingeladen.« »Nein, das galt für die erste Einladung; heute haben wir uns gemeinsam entschlossen, auszugehen.« »Aber das geht nicht. Der Mann zahlt.« »Wieso denn? Ich verdiene mindestens soviel wie du. Warum sollst du für mich zahlen? Kannst du mir das mal logisch erklären?«

Sie werden wütend. Sie wollen das Thema abbrechen mit einer Miene, die sagt: Das ausgerechnet mußte mir nun passieren! »Entweder nimmst du jetzt sofort die Hälfte des Betrages an, oder ich gehe nie mehr mit dir aus.« (Ihr habt uns mit eurem Geld gekauft. Wir sind eure Sklavinnen geworden. Was hältst du denn von mir, wenn du jedesmal wieder anfängst, für mich wie für ein hungriges Geschöpf bezahlen zu wollen?)

»Du bist außergewöhnlich«, sagen sie. »Eine ungewöhnliche Frau, bei Gott«, sagen sie. »Also gut, das nächste Mal zahlst du.« Aber sie schwören bei sich, mir diesen Trumpf um keinen Preis zu gönnen.

80

Die meisten meiner verheirateten Bekannten laden mich zu ihren abendlichen Veranstaltungen nicht ein. Ich bin isoliert. Am Samstag treffen wir Frauen uns, aber bei Abendgesellschaften tauche ich nicht auf. Da ich keinen Ehemann, keinen Besitzer habe, falle ich auf und bin unerwünscht. Manchmal gibt es berufliche Einladungen, wo man mit dem Partner kommen soll. Da wurde ich auch schon als »Herr Soundso mit Ehefrau« eingeladen. Herr Generaldirektor. Als Generaldirektor ist man natürlich Herr. Frau kann man sich nur bei Krankenschwester, Sekretärin, Hebamme vorstellen. Ist es nicht auch so, daß die Leute vom Dorf, wenn sie zum Arzt gehen und dann plötzlich einer Ärztin gegenüberstehen, einfach nicht Frau Doktor sagen können, sondern nur Herr Doktor herausbringen?

Ich habe ein paar ganz mutige Bekannte, die auch mich zu ihren privaten Festlichkeiten nach Hause einladen. Aber da benehme ich mich dann sehr vorsichtig und kontrolliert. Mit keinem der Ehemänner spreche ich alleine, überhaupt spreche ich mit keinem Mann lange. Ich platze nicht laut raus und lache nur verhalten. Ich versuche immer mit den Frauen zusammenzusein. Wenn sich die Männer nach dem Essen in ihre Ecke zurückziehen, bleibe ich bei den Frauen. Keine Frau verspürt das Bedürfnis, sich unter die Männer zu mischen; sie wissen, daß es sich nicht gehört. Wenn es doch eine tut, schaut man sie haßerfüllt an. Mit leerem Blick bestätigen die Frauen ihre Männer.

Eine von ihnen erwischt mich auf der Toilette und fragt: »Der Meine benimmt sich in letzter Zeit recht interesselos mir gegenüber, was soll ich bloß tun?« »Das vergeht, sei geduldig und verständnisvoll«, sage ich. (Der Deine hat mich kürzlich zum Essen eingeladen. Offensichtlich suchte er jemanden, mit dem er reden kann, einen Freund, einen Gleichgesinnten zum Gedankenaustausch, jemanden, der den Nacken nicht beugt. Versuche mal, interessiert zuzuhören. Lern das. Keine Angst, ich bin nicht mitgegangen mit ihm, aber irgendwann wird es eine andere tun.)

Ein Mann war da, er ist alleine gekommen. Unterhaltsam, er hat mich zum Lachen gebracht. Er bringt alle zum Lachen. Ebenfalls Generaldirektor, erfolgreich, ledig. Allerhand, ein lediger Mann in diesem Alter. Wir brechen gleichzeitig auf.

»Ich bringe Sie heim, es ist spät geworden«, sagt er. »Vielen Dank, ich habe ein Auto«, sage ich. »Aber es ist sehr spät. Haben Sie keine Angst? Wenigstens kann ich Sie bis nach Hause begleiten«, sagt er. »Ich habe keine Angst, regen Sie sich nicht auf, Angst führt zu nichts. Ich bin's gewohnt«, sage ich. »Gut«, sagt er. Einer von der klassischen Art. Aber sehr liebenswert.

Am nächsten Morgen meldet die Sekretärin mir den Anruf

eines Unbekannten. Ich lasse durchstellen. Es ist der Mann von gestern abend. Ob wir heute, wenn ich nichts vorhätte, miteinander essen gehen könnten, er möchte etwas Berufliches mit mir besprechen. Das ist wieder mal sehr, sehr klassisch. Aber meinetwegen, es war ein netter Mann. Ich lache und sage zu.

Eines jener schicken Restaurants am Meer mit Kerzen und leichter Musik. Das hatten wir doch schon, denke ich. Vielleicht soll ich alles noch einmal erleben.

Er fragt, was ich trinke, und ich sage: »Rakı.« Er ist verblüfft. Ich sehe wohl nicht aus wie eine Rakıtrinkerin. Zum Fleisch hätte man Rotwein oder Rosé bestellen müssen, zum Fisch Weißwein. Außerdem ist das kein Lokal, in dem man normalerweise Rakı trinkt. Aber Wein bereitet mir Kopf- und Magenweh. Obwohl ich den Geschmack von Rakı nicht besonders mag, stehe ich am nächsten Morgen wenigstens gesund auf. Es bleibt ihm nichts übrig, als ebenfalls Rakı zu bestellen.

Wir reden über Berufliches. Vor kurzem hätte sein Chef über mich gesprochen; ob ich nicht in seine Firma überwechseln wolle. »Ist das ein ernstes Angebot Ihres Chefs, und hat er Sie beauftragt, mir das jetzt zu sagen?« »Nein, offen hat er das nicht ausgesprochen, aber ich konnte spüren, daß er Sie sehr mag und froh wäre, wenn Sie kämen«, sagt er. Ich bin sicher, er denkt sich alles bloß aus. Na gut, was soll's. »Ich will mir's überlegen«, sage ich. Dann beginnen wir ein intensives Gespräch. Wir finden so vieles, worüber wir sprechen können, worin wir uns verstehen, wo wir dieselben Vorlieben haben. Was uns gefällt oder nicht gefällt, was uns nervös macht, alles ist irgendwie ähnlich. Schon lange habe ich mich nicht mehr so ausgiebig und schön mit jemandem unterhalten.

Wir brechen auf. »Mit wessen Auto fahren wir?« fragt er. »Wohin?« frage ich. »Kommst du nicht mit auf einen Kaffee?« fragt er, ein wenig verlegen, schüchtern. Ich steige in mein Auto ein und lasse die Scheibe runter. »Hättest du mir nicht Kaffee angeboten, wäre ich mitgekommen, aber mit einem so vollen Magen vertrage ich keinen Kaffee mehr«, sage ich. (Also auch du, Aydın Bey, auch du. Hättest dir wahrhaftig etwas anderes ausdenken können, und ich hätte mich in deine Arme geworfen auf dieses schöne Gespräch hin.)

Er lacht, er hat verstanden. Ein gescheiter Mann. »Na dann, auf Wiedersehen«, sage ich und trete aufs Gaspedal. Kapiert das mal endlich, seid natürlich. Lügner, Betrüger, künstliche Geschöpfe...

Auf dem Heimweg denke ich dauernd an ihn, mit einem ganz guten Gefühl. Hätte ich vielleicht doch...?

81

Ich solle mich binden, heißt es von allen Seiten. Daß ich keines Mannes Ehefrau sein wolle, nicht mit dem Namen eines anderen genannt zu werden wünschte, daß ich ich-selbst zu sein mich bemühte, müßte noch lange nicht heißen, dauernd den Partner zu wechseln. Das Wörtchen Lebensgefährte hat mir immer einen Schrecken eingejagt, weil ich an die Ehepartner in meinem Bekanntenkreis dachte. Es war bis heute immer verbunden mit Besitzansprüchen und Einengung. Noch nie habe ich daran gedacht, daran denken können, daß es auch Freundschaft, Sich-Mitteilen, sogar Unabhängigkeit einschließt, weil mich die Beispiele aus meiner Umwelt das Fürchten gelehrt haben.

Man sagt mir, ich solle doch nicht dauernd fliehen, mich nicht selbst in die Einsamkeit stoßen, sondern dafür kämpfen, mir einen gleichgesinnten Lebensgefährten zu schaffen.

Wenn ich weibliche Bekannte treffe, versuche ich ihnen meinen Standpunkt klarzumachen, aber es gelingt mir nicht; meine Worte reichen nicht aus.

Ihr müßt stark sein. Der Satz verliert mit häufiger Wiederholung seine Bedeutung. Ihr müßt einerseits an eure Kraft glauben, aber euch andererseits auch bemühen, wirklich stark zu werden. Leider hat der Mensch, sobald er einen Schwächeren sieht, den Trieb, diesem Befehle zu erteilen, ihn zu unterdrücken oder als Dienstboten zu benutzen. Und leider gibt es da ein Heer von Frauen, die sich selbst als schwach ansehen. Warum sie also nicht mit Befehlen überschütten, sich von ihnen bedienen lassen, warum ihnen nicht eine Menge Rechte vorenthalten? Das dürfen wir nicht erlauben. Wenn ihr nicht beim ersten Befehl, bei der ersten Einschränkung, der ersten Ohrfeige nein sagt, geht das so weiter. Ein entschlossenes Nein ist die Lösung vieler Probleme. »Wenn du mich liebst und haben willst, dann befiehl mir nicht, betrachte mich nicht als geringer. Wir sind gleich. Wenn du das nicht so sehen kannst, dann gehe ich.« Dann werdet ihr und eure Regeln akzeptiert, glaubt mir. Man wird euren Grundsätzen Achtung entgegenbringen. Aber ihr müßt Grundsätze haben.

Ich denke an die Männer in meinem Leben, angefangen von meinem Vater, und bedanke mich bei ihnen allen. Kein Augenblick meines Lebens war umsonst. Ich konnte alles nutzen. Von allen habe ich gelernt. Jetzt sehe ich auch meine Fehler, mit denen ich hoffentlich niemandem geschadet habe. Gekränkt sein, kränken... so ist es nun mal. Und immer auf Händen getragen zu werden, macht auch niemanden glücklich.

Aber wie gesagt, einen Lebensgefährten brauche der Mensch einfach, mit dem er seine Gedanken, seine Vorlieben, das Schöne und das Bittere teilen könne.

Eines Nachts, gegen Morgen, als ich bedrückt aufwache und meine Hand über die leere Stelle neben mir streicht, das Bettlaken sanft streichelt, gebe ich meinem Herzen, meinem Kopf und meinem Körper recht. Ja, es fehlt etwas, und ich kann so nicht leben. Der Preis der Freiheit darf nicht Einsamkeit sein. Von niemandem etwas erwarten, niemandem den Kopf auf die Schulter legen und weinen dürfen. Starr sein, gefühllos erscheinen – soll das Freiheit sein?

Liebe, Sex, Freundschaft und auch Leidenschaft und Spannung – alles will ich vereint haben miteinander. Denn wenn sich nur eines davon verwirklicht, gewinnt das nicht Vorhandene eine derartige Wichtigkeit, daß ich anfange, es zu suchen. Und wenn nun Liebe bei dem einen, Sex bei dem anderen und Freundschaft bei einem dritten zu finden wären? Nein, alle drei gibt es zusammen, wird es geben. Weshalb ist die Liebe nur so wichtig für uns, weshalb?

Bei jeder neuen Beziehung sage ich wie die jungen Mädchen: »Dieses Mal ist alles anders«, aber Aydın ist wirklich anders! Ihn liebe ich, ihn mag ich, er erregt mich. Aydın verlangt nicht, daß ich früh nach Hause komme, um ihm ein schönes Essen zu kochen, seine Wäsche zu waschen und seine Hemden zu bügeln, wie das alle anderen immer wollten. Er erwartet auch nicht, wenn ich bei ihm zu Hause bin, daß ich vor ihm aufwache, um das Frühstück zu machen. Täte ich dies alles wie andere Frauen, um mich bei ihm einzuschmeicheln, wer weiß, ob er mich dann so sehr mögen würde; ich glaube es kaum.

82

»Aydın ist wunderbar. Dieses Mal ist es wunderbar. Wenn du wüßtest, wie wir uns verstehen. In jedem Punkt stimmen wir überein. In jeder Hinsicht sind wir zu Freunden geworden. Keine Spur von Rücksichtslosigkeit. Eine große Wertschätzung, grenzenlose Gleichheit, Liebe, Spannung. Jedesmal, wenn ich ihn treffe, bin ich aufgeregt, mein Herz klopft.«

»Na Mensch, du sagst doch bei jedem, dieses Mal ist es wunderbar. Wir werden schon sehen, was dann kommt. Du findest ja immer was auszusetzen an den Männern.«

»Red nicht so, Gül, dieser ist sehr lieb, mit ihm geht es nicht schief. Schau, wieviel Zeit schon vergangen ist, und noch immer finde ich es spannend. Ich schätze ihn, ist das nicht das Wichtigste? Ich fürchte, ihn zu verlieren, zu betrüben. Ich bemühe mich, ist das nicht wichtig?«

»Wir werden sehen. Du bist immer so voll Spannung, und gerade das hält dich ja lebendig, glücklich und jung. Auch an ihm wirst du einen Fehler entdecken, und schließlich wirst du ihn fallenlassen, weil du ihn nicht mehr liebst. Jeder kritisiert dich, aber im Innersten bewundern dich alle Frauen, das sollst du wissen!«

»Ja, wenn ich einen Fehler entdecke, wenn mir etwas fehlt, dann lasse ich ihn natürlich gehen«, sage ich zu Gül.

»Na, das ist recht«, sagt Gül, »schau, diese Stärke haben wir nicht erreicht. Wir haben unseren Beruf aufgegeben, sind wir jetzt etwa glücklich?«

Gül verabschiedet sich. Gleich wird Aydın anrufen. Ich renne jedesmal aufgeregt ans Telefon. So soll es sein, wenn der Geliebte oder der Ehegatte anruft. Unser Miteinander verläuft ganz natürlich. Jeder wohnt in seiner Wohnung, hat seinen eigenen Lebensbereich. Wenn wir möchten, sind wir zusammen, wenn wir alleine sein wollen, sind wir alleine.

Es ist Liebe (da ich auf ihn gespannt bin und ihn dauernd berühren möchte). Sexuell bin ich glücklich (denn ich möchte mich immer von ihm berühren lassen, erlebe schöne Höhepunkte und danach schlafen wir umschlungen ein). Freundschaft ist da (ich langweile mich nicht, wir können über jedes Thema stundenlang reden, wir erzählen einander die Sorgen, können diskutieren). Freiheit, Ungebundenheit, Vertrauen – alles ist da. Das heißt, ich liebe ihn. Gibt es jemanden, der glücklicher ist als ich? Der Mann stellt mich nie zur Rede, kritisiert mich nicht, wie erstaunlich!

Aydın kommt. Heute sind wir bei mir, und ich spiele die Hausfrau. Ich habe den Tisch gedeckt mit Sachen, die ich zum großen Teil gekauft habe, nur ein Gericht, das ich besonders gut kann, habe ich selbst gekocht. Dieses Mal wollen wir Wein trinken, denn wir feiern einen Jahrestag, den ersten Jahrestag unseres Zusammenseins.

Aydın zieht mich zu sich auf den Sessel (wir können noch immer im Salon, auf dem Sessel Liebe machen), lange streichelt und küßt er mich (das machen wir noch immer mit Lust), wir vereinen uns (noch immer geht es mir durch und durch, und das Herz bleibt mir fast stehen). Endlose Minuten vergehen. Er wird mich nicht, wie in der ersten Nacht, ohne Befriedigung lassen. Irgendwann komme ich schon zum Höhepunkt, und er hat die Geduld, darauf zu warten. Ich muß mich nicht zwingen, anstrengen, keine Angst haben, denn ich kann sicher sein, daß er wartet, und deshalb erreiche ich wunderbare Orgasmen. (In der ersten Nacht hatte er so gewartet und sich so bemüht. Ich konnte ihm nicht sagen, daß die Frauen beim ersten Mal selten viel davon haben. Sie müssen sich erst an den Mann gewöhnen, der Mann muß sie kennen. Ich hatte große Lust empfunden, war geflogen, so daß ich den Orgamus sogar vergaß, und Aydın hatte gewartet und gewartet. Ich wollte ihm auch nichts vortäuschen. Als er nicht länger warten konnte und leise, leise kam, war er beschämt, es tat ihm leid. Später sprach ich mit ihm und sagte ihm, daß der Höhepunkt nicht immer notwendig sei, auch der Geschmack des Liebens sei schon schön; beim ersten Mal sei die Befriedigung schwer zu erreichen, denn Frauen brauchten dazu

Nähe und Vertrautheit; oft täten die Frauen in der ersten Nacht nur so als ob.)

Er kennt mich gut. Vom Sessel sind wir auf den Boden geglitten. Auf dem Teppich gerate ich wirklich außer mir. Wir schlafen auf dem Teppich ein.

83

Ich müßte fliegen vor Glück, weil ich alles habe, was der Mensch zu seinem Glück braucht. Ich habe Erfolg im Beruf und arbeite weiterhin schwer dafür. Außerdem habe ich liebe Freunde und vor allem einen geliebten Mann. Nicht mal das Wort Heirat wird zwischen uns erwähnt, das Thema ist tabu. Und wenn wir nun aber doch heirateten? Und anfingen, Wohnung, Küche, Bad, Kühlschrank, Geld, Toilette gemeinsam zu benutzen? (Ist teilen so schlimm?) Nein, aber schon jetzt teilen wir vieles: unsere Freunde, Freunde, Gedanken. Müssen es auch noch herumliegende schmutzige Wäschestücke, eingecremte Gesichter, geblähte Mägen, Lockenwickler und Schnarchen sein?

(Warum verletzt es die Regeln der Gesellschaft, wenn zwei intelligente Menschen, um der Monotonie zu entgehen, ihr Leben in Freiheit teilen und – auch ohne Trauschein – die Nähe und Wärme des Geliebten fühlen wollen?)

Ich bin stark, habe alles erreicht, was ich wollte, mir Arbeit, Wohnung, Auto, Verstand und Gedanken selbst geschaffen. Und ich habe einen Geliebten, mit dem ich lebe, wie ich will. Aber weshalb dann dieser innere Druck, diese Atemnot, dieses Herzklopfen? Alles, was ich zum Glücklichsein brauche, habe ich; woher kommt bloß diese innerliche Beklemmung? Was erwarte ich denn noch vom Leben? Zwing dich nicht, sage ich mir, laß dich ein bißchen gehen, mach einmal langsam. Schau, du bist vor Nervosität ganz verspannt, deine Muskeln gleichen Bogensehnen. Sollen sie dich doch für kraftlos halten, weine, und bitte auch mal um das, was dir fehlt, lerne das Bitten, sonst vergeht diese Anspannung nie. Laß dich gehen. Arbeit, Wohnung, Auto, Geliebter als solche machen also das Glück nicht aus. Wie schwer, dies alles in Gang zu halten!

Aber es gibt Aydın. Daß ich Aydın begegnet bin, ist ein großes Glück. Gleich fahre ich zu ihm, er wird für mich Essen gemacht haben.

Aydın öffnet die Tür. Wir haben uns zwei Tage nicht gesehen. Ich hatte Sehnsucht nach ihm, umhalse ihn.

Ich drücke ihm das Paket mit dem Eis in die Hand und fange an zu erzählen, was in den zwei Tagen alles so los war. Er hört zu. Trotzdem scheint er in Gedanken irgendwoanders zu sein, das merke ich. Was gibt's denn wohl?

Wir setzen uns zum Essen. Aydın ist wirklich sehr zerstreut, hat keine Laune. Aber warum bloß, und warum erzählt er nichts? Ehe ich schließlich frage, was hast du denn? fragt er mich: »Bist du glücklich?«

»Natürlich bin ich glücklich, merkt man das nicht, warum fragst du?«

»Dann hör mir einmal gut zu.« (Oh weh, jetzt kommt etwas ganz, ganz Ernstes und Schlimmes, das spüre ich. Es kann auch ein Vorschlag sein, aber nicht der Vorschlag zu heiraten, obwohl Aydın vermutlich einen Heiratsantrag ebenfalls mit einem solchen Gesicht machen würde, so ernst und hoffnungslos.)

Er fährt fort: »Was ich sagen will, ist sehr wichtig, Liebste, ich will es kurz machen, ohne Umschweife, sonst wird es schwer.« (Das muß etwas Schlimmes sein.)

»Meine Firma schickt mich für die nächsten Jahre nach Amerika, wo ich die Leitung der Niederlassung übernehmen werde.« (Du wirst übernehmen? Er wird übernehmen. Ich habe doch wohl recht gehört, er hat gesagt: ich werde übernehmen. Er hat sich entschlossen.)

Ich schweige. Er schweigt ebenfalls. »Weiter«, sage ich. Er fährt fort: »Dorthin versetzt zu werden, ist die Spitze meiner Karriere, verstehst du? Mal abgesehen vom Erfolg, auch das Geld ist sehr gut, sie zahlen ein Wahnsinnsgehalt, da werde ich später mal als reicher Mann zurückkommen.«

(Ich werde reich zurückkommen, sagt er, nicht wahr, also hat er seinen Entschluß gefaßt.)

»Und was noch?«

»Das ist alles. Was sagst du dazu?«

(Na, Mädchen, nimm's leicht, er verläßt dich, aber was sagt

das schon, bist du nicht stark? Was nützt es, deswegen deprimiert zu sein? Warum soll dir das denn weh tun? Wenn nicht er, dann ein anderer, soll er doch gehen, was gibt's da zu trauern, du bist doch stark, Kind!)

Meine Lippen zittern, in meinem Glück war ich nicht gefaßt auf einen solchen Schlag. Ich hätte nie vermutet, daß er mich verlassen könnte. Aber er geht einfach. Da müßte ich mich für ihn freuen. Ist er nicht mein engster Freund, über dessen Erfolg ich mich freuen müßte? Ich kann dem Zittern meiner Lippen nicht Einhalt gebieten, manchmal kann der Mensch die geringsten Dinge nicht verhindern.

»Was soll ich sagen? Du hast dich entschieden«, sage ich. Insgeheim fange ich schon an, nach Gründen zu suchen, ihn nicht mehr zu lieben. Seine kalte Arroganz, seinen Riesenstolz, seine Arbeitswut.

»Was hättest du denn an meiner Stelle getan? Du liebst deinen Beruf doch auch sehr. Wenn du nach so viel Kampf den Gipfel erklommen hättest und Reichtum und Ruhm an deine Türe klopften, was würdest du dann tun?«

(Ach, und ich hatte gemeint, es würde in meinem Leben keinen schlimmen Augenblick mehr geben. Dabei ist mir noch nie eine so bedrückende und schwer zu beantwortende Frage gestellt worden. Ja, was hätte ich in diesem Falle getan?)

»Ich weiß es nicht«, sage ich, »es ist deine Arbeit, dein Fall, ich möchte dich nicht beeinflussen. Wirklich, eine sehr schöne Chance.« Ich beiße mir auf die Lippen. Ganz dünn kommt meine Stimme.

»Und ich sage dir, nach so viel Anstrengung und Mühe wärst du gegangen«, sagt er.

»Ich weiß nicht«, sage ich. (Ich werde jetzt um nichts mehr kämpfen. Mein Leben lang werde ich nicht mehr glücklich sein können, das weiß ich. Ich dachte, das schöne Leben mit Aydın würde andauern. Aber man soll offenbar nicht von einem dauernden Glück träumen.)

»Jetzt hör mir gut zu«, sagt er. (Gott, er hat sich entschieden. Er wird mich verlassen. Meine Augen füllen sich mit Tränen, ich kann's nicht hindern, er geht.)

»Wir können beide dorthin gehen. Was für eine Arbeit unter

guten Bedingungen, viel Geld würden wir verdienen! Denk mal, in jener großen Stadt, wir zwei, in einer tollen Wohnung!« (Gott, bin ich glücklich, er nimmt mich mit, er verläßt mich nicht, er will mich, liebt mich, ruft mich.)

Damit er meine Freudentränen nicht sieht, falle ich ihm um den Hals und lehne den Kopf an seine Brust, und voll Freude frage ich ihn: »Nun sag du mal, wenn du an meiner Stelle wärst, würdest du dann alles stehen- und liegenlassen und jemandem ins Ausland folgen?«

»An deiner Stelle würde ich es tun«, sagt er. (Gut, wenn aber ich nach Amerika versetzt würde, würdest du dann hier deinen Posten als Generaldirektor, deine Wohnung und deine Freunde um meinetwillen verlassen und mir dorthin nachfolgen?) Diese Frage stelle ich nicht. Ich weiß, er käme nicht.

»Ich an deiner Stelle käme«, sagt er – weil das nur eine Frau tun kann. Er hat unsere Gleichheit vergessen. Männer lassen nicht alles stehen und liegen und fangen ein neues Leben an im Gefolge einer Frau. Sie lassen ihre Arbeit nicht im Stich. Er ist ein Mann, ein Mann.

Aber ich bin eine Frau, ich kann mitkommen, ich kann alles, was ich aufgebaut und erreicht habe, hinter mir lassen und unter seinem Schutz und Flügel weiterleben. Dafür kritisiert mich niemand, sie loben mich sogar. Schau, was für eine gescheite Frau, sie hat einen großen Zug gemacht, es sei ihr gegönnt.

Unwillkürlich sage ich: »Was soll ich jetzt machen?«

Er streichelt meine Haare. »Überleg's dir«, sagt er.

»Wenn ich nach Amerika ginge, kämst du dann mit?« frage ich.

Er lacht und schweigt.

In dieser Nacht umklammere ich ihn, so als wollte man ihn mir gleich wegnehmen. Ich finde keinen Schlaf.

84

Ich habe mir etwas aufgebaut, indem ich wie eine Verrückte gekämpft und gearbeitet habe. Es gibt eine Menge Dinge, die ich nur mit großer Mühe erreicht habe. Ich kann das alles nicht ausradieren. Es wäre so, als zerfetzte ich ein Bild, an dem ich seit Monaten gemalt habe, als würde das von mir gebaute Haus einstürzen, als ließe ich die Pflanze, die ich großgezogen habe, ohne Wasser.

Wäre es nicht schade um meine Mühen, schade um mich?

Ich stehe auf eigenen Füßen, auf meinen kleinen Füßen, ganz allein, aber mit Selbstachtung.

Für dich steht Arbeit bereit, für mich nicht. Wie soll ich im Ausland, von deinem Geld, an dich angepaßt, leben, mit dem Schmerz, mein eigenes Leben hinter mir gelassen zu haben?

Dort werde ich eine Null sein, von vorne anfangen müssen, von ganz unten, oder vielleicht gar nicht anfangen können.

Das wird ein Zusammenleben werden, wie ich es mir nicht vorstellen kann, voller Zwang, Monotonie, Abhängigkeit. Mein Selbstvertrauen, mein Erfolg werden dahin sein. Und wenn deine Achtung vor mir schwindet? Und wenn du mich, weil ich von dir abhängig bin, nicht mehr wie früher siehst, liebst?

Der erfolgreiche Geschäftsmann Aydın Bey und seine Gattin. Dann werde ich nicht ich sein! Dann wirst du mich auch nicht mehr lieben, glaub mir. Dabei will ich dich doch nicht verlieren. Ach, Aydın, ach. Wie war doch alles so gut gelaufen. Warum mußtest du so erfolgreich sein!

Aber du willst mich ja, hast mich ja gerufen, du liebst mich ja. Das macht mich wirklich glücklich. Nur Aydın – ich kann nicht! Ich kann nicht alles Bisherige ungeschehen machen. Ich will, daß unsere Liebe weiterbesteht, Aydın. Ich kann aber nicht mitkommen.

Die Abreise naht. Aydın wartet immer noch auf meine Entscheidung. Er fragt nicht, aber er versteht wohl, denn mein Leben läuft weiter wie gewöhnlich.

In zwei Tagen fährt er. Nachts umarme ich ihn, vergrabe meinen Kopf an seiner Brust, weine. Warum dauert das Glück nicht, warum ist alles Schöne nicht beständig?

Ich umarme ihn fest. So werde ich wieder alleine bleiben, wieder das Laken neben mir streicheln, wieder um Liebe und Freundschaft kämpfen.

Aydın, ohne dich kann ich nicht leben, du bist das Schönste und Wertvollste in meinem Leben. Und doch weiß ich nur zu